NOVEL

Luca Zanforlin

DIVERSITY HOTEL

MONDADORI

Dello stesso autore
in edizione Mondadori

Denise la Cozza
Testa o cuore
Molto più che Amici
Se ci credi davvero
Ke amico 6?

con Chicco Sfondrini

A un passo dal sogno
Fra il cuore e le stelle
Vola via con me

La foto de La Carla in copertina è di Luca Zanforlin.

librimondadori.it

Diversity hotel
di Luca Zanforlin
Collezione Novel

ISBN 978-88-04-74136-7

I edizione aprile 2021

Indice

Diversity hotel

Non intende la libertà chi non ha mai vissuto in costrizione.

FERNANDO PESSOA. *Il libro dell'inquietudine*

Oggi più che mai il concetto di libertà è un valore sul quale dobbiamo vigilare con attenzione. Tutti noi abbiamo un dovere, quello di cercare di garantire un futuro migliore alle generazioni che verranno.

LUCA

Oggi

Ci sono giorni in cui inspiegabilmente la vita ti offre dei segnali.

A voi non capita mai?

Credete nelle coincidenze?

Sono seduto al gate in attesa dell'imbarco sul volo per Parigi. Alla mia sinistra, un cartellone che pubblicizza una casa editrice dice: "Il passato non esiste. Il futuro non è ancora iniziato. (Lev Tolstoj)".

Ruoto lo sguardo e la mia attenzione viene rapita da un altro cartellone pubblicitario che raffigura due anziani seduti su una panchina in un parco, lei legge un libro, lui ha in mano il cellulare.

Una scritta dice: "Decidi il tuo tempo".

Mi imbarco. Fila 3, posto F. Detesto il sedile accanto al finestrino, penso sempre che in caso di emergenza dovrò aspettare che si sfilino i due che occupano i posti prima del mio.

Metto lo zainetto nella cappelliera e mi accomodo.

Prendo la rivista di bordo ed ecco un'altra coincidenza.

In copertina una donna anziana, sicuramente un'attrice del passato.

Sotto al suo volto in primo piano una scritta dice: "L'ultima vera diva".

Vengo distolto dalla voce acuta e fastidiosa di un uomo

vestito con completo blu e camicia bianca, alle orecchie gli auricolari.

Sono quelli che io chiamo i pinguini, per lo più politici o uomini d'affari abituati a prendere l'aereo come io la metropolitana. Sembrano perfetti, ma poi se li guardi nel dettaglio hanno note stonate: il nodo della cravatta storto, un lembo della camicia che esce dai pantaloni o sotto il collo qualche pelo della barba sfuggito alla rasatura mattutina.

Il tizio apre la cappelliera, mi chiede se lo zainetto è mio e se lo può spostare un po'.

Gli rispondo di sì.

Mentre ripone il suo trolley firmato, sento il rumore sordo di qualche cosa che cade a terra.

Lui non se ne accorge nemmeno e continua a parlare al telefono come se fosse solo.

Una hostess si avvicina, si inchina, raccoglie un cellulare e cerca il mio sguardo.

La ringrazio, prendo il cellulare e mi accorgo che il tonfo a terra ha fatto partire una chiamata.

Guardo il display che dice: "Chiamata in corso con La Carla".

La hostess mi ricorda di spegnerlo prima del decollo.

Lo metto subito in modalità aereo.

La Carla sicuramente non potrà rispondermi.

Sull'onda di quella serie di coincidenze apro la galleria delle foto.

E lì, nella terza fila posto F, mi perdo tra i ricordi degli ultimi due anni che hanno cambiato totalmente la mia vita.

Scorrendo le foto con il dito, guardo la mia trasformazione.

Immagine dopo immagine vedo crollare la maschera che lascia affiorare il mio vero volto.

E capisco, sospeso e cullato dalle nuvole, che sono un uomo fortunato ma soprattutto che le coincidenze le ascolti e si vestono di significato solo quando si è pronti a un cambiamento.

Quando, senza saperlo, ci stiamo muovendo nella direzione giusta per costruire il nostro futuro.

Forse sto già dormendo ed è solo un sogno ma, guardando fuori da quell'oblò tra le nuvole, per pochi secondi, vedo apparire una scritta: "Quali sono le coincidenze che hanno cambiato la vostra vita?".

Due anni prima

L'Annunciazione

Mi chiamo Luca, ho trentacinque anni e sono uno di quelli che la società chiama "parassita".

Ho una famiglia benestante e un padre coglione.

Se andate su Wikipedia troverete questa definizione:

> Coglione è un'accezione popolare di una parte anatomica maschile, il testicolo.
>
> Il termine è anche utilizzato in senso dispregiativo ed è entrato da tempo nel linguaggio corrente con il significato di "persona inetta, poco avveduta, che non prevede le conseguenze dei propri atti per insufficiente intelligenza".

Allora, non entro nel merito delle parti anatomiche di mio padre, ognuno ha le proprie e francamente non credo nemmeno che facciano la differenza, ma mi voglio soffermare su quel: "non prevede le conseguenze dei propri atti per insufficiente intelligenza".

Tenete a mente questo concetto che vi servirà più in là.

Poche settimane fa il suo avvocato mi ha raggiunto telefonicamente e mi ha annunciato che da quel momento avrei dovuto gestire un immobile della famiglia: un vecchio hotel nella periferia milanese, nei pressi della tangenziale.

«Aspetti, la interrompo subito. Dica pure a mio padre che non solo non sono interessato alla gestione dell'hotel, che per quanto mi riguarda può prendere fuoco oggi stesso, ma soprattutto non ho alcuna intenzione di entrare in affari con lui» ho risposto con un tono annoiato e distaccato.

«Suo padre aveva previsto questa reazione e mi ha pregato di informarla che in caso di diniego le avrebbe tolto l'usufrutto dell'appartamento sito in zona Isola, che per altro da oggi è in mano a un'agenzia immobiliare, ma anche di... aspetti un attimo che prendo la lista che mi ha dettato suo padre. Eccola, inoltre da oggi non beneficerà più del bonifico bancario mensile di 1800 euro, delle tre polizze assicurative a lei intestate, dell'abbonamento pluriennale presso la palestra, della casa al mare e del...»

Ho attaccato.

Sfido chiunque a rimanere calmo e impassibile mentre la propria vita si sta appallottolando come carta straccia e da lì a poco finirà nel cestino dove riposerà per sempre.

Il display del cellulare, in modalità silenziosa, si illumina per l'arrivo di un sms: "È caduta la linea o forse è stato lei a riagganciare, ma poco importa. Le lascio qualche ora di tempo per decidere sul da farsi, poi, quando ha preso le sue decisioni, mi scriva o mi richiami. Avv. Paolo Bussi".

L'unica decisione che riesco a prendere adesso è quella di andare in palestra come tutti i giorni a quest'ora. Di certo non cambio la mia quotidianità per mio padre.

Il sopralluogo

"Un moderno tre stelle a soli dieci minuti da Milano" recita il dépliant che mostra in primo piano un edificio color grigio asfalto.

Lo so cosa state pensando, che mi sono subito arreso. Ma tempo al tempo, non fate come molti che traggono subito le conclusioni.

Non è mai come sembra.

L'ultima volta che ho messo piede qua dentro avevo su per giù dodici anni. Mia madre, dopo una lite in salotto con mio padre, dalla tromba delle scale aveva urlato a me e mia sorella di vestirci e buttare in uno zainetto tre cose perché avremmo dormito fuori per un numero imprecisato di notti.

Ancora ricordo l'odore stantio di quelle lenzuola ruvide, quel copriletto goffrato beige che mi pizzicava le gambe nude, quella televisione senza spessore incastonata nello specchio con i canali memorizzati alla rinfusa, per lo più programmi di televendite o notiziari in lingua straniera.

Ricordo che mia sorella Giulia, di due anni più piccola di me, entrò nella stanza dicendomi che mamma era crollata subito dopo aver preso i soliti sonniferi e mi chiese se poteva dormire da me.

Non glel'ho mai detto ma adoravo dormire con lei. Era una sensazione piacevole, di calore, e i suoi capelli odoravano di camomilla.

Anche a casa succedeva spesso che nel cuore della notte sgattaiolava dalla sua stanza per salire nella mia mansarda. Apriva la porta, io fingevo di dormire, si avvicinava al letto, scostava le lenzuola, mi dava un bacio in fronte e si metteva in posizione fetale appoggiando il suo sedere sulla mia pancia. Quando al mattino mi svegliavo, di lei rimaneva solo la sua orma sulle lenzuola stropicciate.

Mi manca quella sensazione di pace.

Mi manca quella sensazione di casa.

Mi manca lei.

L'hotel me lo ricordavo più grande ma forse è perché ero piccolo e a quell'età tutto sembra gigante.

Un tizio mi aspetta nell'atrio angusto che più che un hotel ricorda una Asl. Dice di essere l'architetto e mi espone il progetto: «Il Covid ha ucciso l'attività di questo hotel e sulla scia di quello che in America sta succedendo già da svariati anni ecco che suo padre ha pensato di trasformarlo in un "CONDHOTEL"».

Mentre l'architetto blatera la storiella che ha memorizzato, sorrido. Quel coglione di mio padre non poteva che affidarsi a un'idea che si chiama condo qualcosa, richiamando l'assonanza con condom, preservativo, appunto un'idea del cazzo, da coglione.

«All'estero esistono già da molti anni» continua l'architetto. «Ma in Italia sono arrivati da poco e suo padre ne ha capito subito il potenziale. Sono nuove strutture turistiche che abbinano le camere d'albergo a più ampi appartamenti che si possono acquistare come case vacanza o affittare per lunghi periodi.» E bla bla bla.

Tradotto: a mio padre conveniva fare così e così ha fatto, poi si è inventato intorno la storiellina.

Quindi il progetto è stato quello di trasformare le venticinque stanze in una decina di miniappartamenti, più un'area comune per il pranzo, una stanza hobby/lettura/tv e una lavanderia, e lasciare qualche camera per i clienti di passaggio.

Ora, io non sono certo il più bravo degli imprenditori e sicuramente non ho il dono di saper intercettare i bisogni della gente, ma quello che mi chiedo è: chi è quel mentecatto che decide di venire ad abitare in un miniappartamento fuori Milano vista tangenziale?

O peggio, chi acquisterebbe questi appartamenti come case vacanza?

Capirei di più se lo avessero trasformato in una casa circondariale per detenuti con pene ridotte, per risolvere il sovraffollamento delle carceri, o case di accoglienza per carcerate con figli.

Ma quello che penso io sembra non importare a nessuno.

Papà vuole così? E papà sarà accontentato.

Ripeto, non traete conclusioni affrettate, un po' di pazienza e capirete.

«Mi sta ascoltando?» La voce dell'architetto spazza via i miei pensieri. «I lavori di ristrutturazione sono praticamente ultimati, ora le mostro qualche appartamento e le aree comuni, se mi vuole seguire...»

L'architetto mi fa fare un tour guidato in questa Asl chiamata "condhotel".

Tutto è estremamente impersonale, dall'arredo al colore delle pareti e all'odore di plastica che aleggia in ogni appartamento. Unica cosa carina: la parete esterna, che non è murata ma è interamente di vetro e regala una luce radiosa a tutta la stanza. Si tratta di piccoli bilocali con soggiorno e cucina all'americana con piastre elettriche, una stanza da letto e un bagno, stop.

Per un attimo, forse per quella parete di luce, ho ripensato alla nostra casa sull'albero, incastonata su una quercia secolare per mezzo di un gioco di passerelle di faggio. Mia madre l'aveva fatta costruire per me e mia sorella, nella villa famigliare a Carate.

Io avevo circa sette anni, mia sorella cinque, ancora mi ricordo il giorno in cui ci condusse, bendati, davanti alla scaletta di legno.

«Ho una sorpresa per voi. Luca, ti ricordi l'anno scorso, quando in giardino hai trovato quel passerotto che non riusciva più a volare? Tu che hai fatto? Lo hai messo in una scatola e lo hai portato in camera tua, dicevi che aveva bisogno di una casa, di un rifugio dove potersi curare per tornare più forte di prima a spiccare il volo. Ho ripensato molto alle tue parole e non credevo che un bambino di sette anni potesse darmi una lezione di vita. Siamo tutti dei passerotti che ciclicamente faticano a volare, ma non sempre abbiamo un posto dove andare a rifugiarci. Spesso il senso del dovere non ce lo permette...»

«Mamma, cosa vuol dire senso del dovere?» chiese mia sorella interrompendo mia madre.

«Hai ragione anche tu, la mamma spesso si dimentica che siete solo dei cuccioli... vediamo... il senso del dovere è quando fai una cosa che magari non ti fa stare bene ma la fai comunque perché pensi che sia giusto così e non vuoi creare problemi... per esempio la sera quando guardi la tv e io alle nove e mezzo ti dico di lavarti i denti e di filare a letto. Lo so che non ti piace, che vorresti guardare la fine del cartone, lo so che pensi: "ma cosa cambia se rimango ancora qui un pochettino?". Eppure brontolando lo fai lo stesso. Svogliatamente ti alzi e vai in bagno perché te l'ha detto la tua mamma, insomma fai il tuo dovere di figlia. Poi si diventa grandi e non si brontola nemmeno più. Si fa un bel respiro e controvoglia si esegue quello che ci viene richiesto. Lo facciamo oggi e lo facciamo domani, fino a quando non ne possiamo più, allora urliamo, ci disperiamo e vorremmo scappare via.»

«Mamma, questa volta non capisco io, perché siamo qui bendati?» dissi io.

«Non essere impaziente, ci arrivo. Ognuno nella vita dovrebbe avere una scatola di cartone dove potersi fermare a riposare, o far sbollire la rabbia o forse semplicemente dove pensare, staccare la spina. Perché tutto passa, come le nuvole, prima ci sono e poi il vento le spazza via e torna l'azzurro. O forse bisogna dire che a tutto ci si abitua ma questo è ancora troppo presto perché voi lo possiate capire. Quindi adesso al mio tre togliete la benda dagli occhi... tre... due... uno... via!»

Ricordo la bocca spalancata di mia sorella nel vedere quella casetta tutta in legno.

«Ma è come una casa della Barbie gigante!» disse.

«Diciamo di sì, ma questa è tutta vostra, e quando vi sentite un po' giù o avete bisogno di stare da soli sapete dove rifugiarvi. Questa è la vostra scatola di cartone.»

Allora non lo capivo, ma la mamma pensava anche a se stessa, a tutte quelle volte in cui aveva assecondato i deliri e le prepotenze di mio padre. A tutte quelle sigarette fumate nervosamente fuori in giardino per smaltire la rabbia.

A tutte quelle volte in cui le è mancato il coraggio di ribellarsi, di scappare per tornare a volare.

Ma in sessant'anni di vita non si è mai costruita la sua casa sull'albero.

Non è mai riuscita a spezzare la catena che la legava a un marito di cui sicuramente era stata innamorata ma che ormai non stimava più.

Quel giovane sbruffoncello con tanti sogni... e sì, è vero, è sempre stato uno un po' arrogante, ma... d'altronde come fai a vent'anni a non innamorarti del bello del paese con la grinta di conquistare il mondo? Peccato che quel giovane ha mostrato presto un'altra faccia.

Finita la caccia e una volta sposata mia madre, ha dato subito segni di prepotenza. All'inizio in maniera leggera, poi imponendosi nelle scelte che riguardavano la famiglia, e soprattutto mia madre. Ricordo le cene a tavola, anche se ero piccolo ascoltavo e capivo.

Rimasi sorpreso quando mi resi conto che tutte le volte che gli amici rivolgevano delle domande alla mamma, non era quest'ultima a rispondere, bensì mio padre.

Come se non volesse lasciare il tempo a mia madre di pensare e magari dire altro. Come se non fosse in diritto di esprimere un'opinione sua.

Io, dall'età di quattordici, quindici anni, ho sempre invitato mia madre a riflettere su questa situazione, ma lei ha sempre negato che fosse un problema. Mi ha sempre risposto che mio padre era fatto così, che gli piaceva imporsi, dimostrare di essere il capofamiglia, che era il suo modo per sentirsi uomo, per affermare la sua virilità.

Quelle due parole insieme non le ho mai dimenticate. "Sentirsi uomo."

Ma cosa cazzo vuol dire sentirsi uomo scegliendo di essere una merda nei confronti dei propri cari?

Può sentirsi uomo un padre che in trentacinque anni non ha mai chiesto al proprio figlio come sta? Uno che non ha mai dato una carezza o un abbraccio al suo bambino?

I padri che vedevo in tv, nei film e nelle pubblicità, erano uomini che non si vergognavano di baciare i propri figli. Quei papà spendevano il loro prezioso tempo interessandosi alla quotidianità di coloro che amavano. Il mio non lo ha mai fatto.

No, non è esatto: di mia sorella si curava, a lei regalava la sua presenza. A me no.

A me ha regalato solo e sempre silenzio.

Ma non quel silenzio che è sintomo di complicità e fiducia, quel silenzio che ti avvolge e ti protegge.

Il nostro silenzio era indifferenza, anzi, peggio, rivelava l'imbarazzo che provano due sconosciuti a condividere lo stesso spazio, un po' come quando le porte dell'ascensore stanno per chiudersi ma poi all'ultimo momento entra un'altra persona e tu devi passare quei pochi interminabili secondi cercando qualcosa da fare, leggendo numeri a cazzo sulla pulsantiera o fingendo di guardare il cellulare.

Ora che ci ripenso, ho incontrato poche volte lo sguardo di mio padre. Ero più io a cercarlo ma non l'ho mai trovato, quel viaggio in ascensore per noi non è mai finito.

Né io né lui abbiamo mai fatto nulla per farlo finire.

Per anni ho aspettato che lui schiacciasse il pulsante "alt".

Forse lui si aspettava che lo facessi io.

E la cosa buffa è che fuori di casa era considerato da tutti un ottimo padre di famiglia, un imprenditore di successo e bla bla bla, mentre con sua moglie è sempre stato un despota del cazzo, e con me... con me era niente, inesistente.

Poi ci fu un episodio. Avevo da poco compiuto diciotto

anni, entrando in casa sentii i miei che litigavano in cucina, e quando mi affacciai vidi mio padre mollare un ceffone in faccia a mia madre.

Lì ho capito che in tutti quegli anni avevo aspettato solo quel momento, che quella era la prova del nove. Quello schiaffo mi aveva confermato qualcosa che già da tempo pensavo di lui. Mio padre era un prepotente e un violento, finalmente lo sapevo con certezza, la realtà, in tutta la sua dolorosa concretezza, era sotto i miei occhi.

«Mi scusi, è una mia opinione, ma non sembra molto interessato a questo progetto.» Ancora la voce dell'architetto.

«E qui si sbaglia di grosso, questo progetto è a dir poco favoloso, quando mi ricapita un'occasione del genere! Ma piuttosto, senta, lei conosce mio padre? Ha fatto fare anche a lui il "giro panoramico" di questa meraviglia?»

«No, non conosco personalmente suo padre, sono stato contattato dal suo avvocato e ho fatto i lavori in totale autonomia. Lei è la prima persona della famiglia a cui mostro il risultato finale. Chiaramente se vuole fare delle modifiche di colori o arredamento sono felice di poterla aiutare. Tenga conto che i muri all'interno dell'appartamento sono in cartongesso, quindi se volesse...»

«No, no, è perfetto così, io non sarei riuscito a fare di meglio. E comunque si reputi una persona fortunata.»

«Perché mai?»

«Perché non conosce mio padre.»

Chantal

Nella cassetta delle lettere ho trovato un plico da parte dell'avvocato con tutta la documentazione dell'hotel e i contatti di alcune persone che avevano risposto ai vari annunci pubblicitari diffusi per promuovere gli affitti dei nuovi miniappartamenti.

Poi c'era un biglietto in cui mi augurava buon lavoro, visto che da quel momento avrei gestito in totale autonomia il condomhotel.

Finalmente il gioco iniziava. Risiko! mi avrebbe fatto una pippa.

Avevo un potere: decidere chi ci avrebbe vissuto.

Mio padre pensava di punirmi, di darmi una lezione di vita, il coglione non sapeva che ne sarebbe uscito sconfitto lui.

Il mio piano era semplice: riempire l'albergo di gente balorda e ai margini, poco considerata e rispettata. La voce si sarebbe sparsa, la merda avrebbe attirato altra merda, il quartiere si sarebbe lamentato e, con un pizzico di fortuna, forse avrebbero raccolto delle firme per fare chiudere la struttura.

Ero in guerra e la sconfitta era la mia vittoria.

Mandare in malora la struttura e far perdere un paio di milioni a mio padre mi gasava più di ogni altra cosa.

Più di Pornhub, più di una scopata rubata in palestra, più di due, tre Moscow Mule bevuti nel mio privé preferito.

Ho chiesto alla mia portinaia chi non avrebbe mai voluto avere come condomini: «Prostitute, extracomunitari, froci, quelli che non sono né uomini né donne e i vecchi che ti chiamano in continuazione per delle stronzate».

Incontro Chantal in un bar del centro. Di lei sapevo poco, l'email che aveva scritto in risposta all'annuncio diceva:

Mi chiamo Chantal, ho una età che va dai 25 ai 35 (non ha nessuna importanza ai fini dell'affitto). Lavoro nel campo della cosmesi e di certo non passo inosservata, quindi se siete alla ricerca di lolite minorenni vestite in divisa nipponica che nel tempo libero vendono il proprio intimo usato non state a ricontattarmi. Ah, la mia filosofia di vita è vivi e lascia vivere... diamanti, diamanti, diamanti!

Chantal

Avevo dovuto rileggerla un paio di volte perché non ne capivo l'ironia, ma al contempo ero curioso di scoprire chi poteva aver scritto una risposta così da fuori di testa.

Qualsiasi agente immobiliare l'avrebbe cestinata, ma sicuramente prima avrebbe speso del tempo a riderne con i colleghi.

Io non ci ho pensato un attimo, questa matta mi sembrava perfetta. La mia vendetta cominciava a prendere forma.

Nel bar ci sono poche persone, a un tavolino due coppie di amiche che si scambiavano dei pacchettini, vicino all'uscita un uomo in piedi che urlava al cellulare, al bancone tre uomini sulla cinquantina sicuramente in pausa caffè e infine una sorta di Moira Orfei biondo platino senza gli elefanti, ma meno rassicurante, con un'aria più sinistra, misteriosa. Un essere indefinibile che si è lasciato scappare un po' la mano con la chirurgia, intento a spippolare sul cellulare.

Mi arriva un WhatsApp da "Chantal": "Sono dentro, sicuro che la città fosse Milano?".

Rispondo "Idem" e ricollego che Moira Orfei è il mio appuntamento.

Alzo la mano e la agito per farmi notare.

«Sei Luca? Luca dell'immobiliare?»

«Sì, cioè, non lavoro in un'agenzia ma...» cerco di rispondere.

«Senti, che non fossi dell'immobiliare lo avevo capito, di solito quelli sono vestiti come dei camerieri in libera uscita e poi il loro senso del "finto dovere" non gli permetterebbe mai di far aspettare il cliente già dentro e per giunta seduto al tavolino. Ti dico subito che non ho tempo da perdere, quindi, se tutta 'sta manfrina è una bufala o una trovata pubblicitaria per la quale io ora devo essere sottoposta a "un'intervista", alla fine della quale mi offrirai dei coupon per andare a fare la spesa in qualche discount di provincia, bello, dimmelo subito che ti mando a fanculo all'istante, così poi finalmente siamo liberi tutti di riprenderci le nostre vite in mano.»

Chantal indossa un abito lungo verde mela sorretto da minuscole spalline. In mezzo, sopra e sotto un tripudio di tette. Non meno di una sesta. I seni sono talmente gonfi e tirati che per un attimo mi sfiora l'idea di cercare uno spillo e bucarli come palloncini.

Ai piedi ha dei sandali con un tacco vertiginoso, tutti pieni di pezzi di vetro o pietre o non so cosa. Le unghie sono dello stesso colore del vestito.

Inutile parlarvi delle ciglia, dei veri e propri ventagli neri che ogni volta che sbattono creano una corrente d'aria nel locale.

Le labbra poi, grandi come canotti e anche loro verde mela.

E infine le guance, gonfie come arance di Sicilia con gli occhi che sembrano appoggiarcisi sopra.

Insomma prendete Moira Orfei, Jessica Rabbit e RuPaul, metteteli in un frullatore ed ecco che avrete la bionda platino Chantal.

«Siediti, e non preoccuparti, nessuna fregatura.»

Le racconto la favola che avevo memorizzato dall'architetto, le spiego della rata e le do tutte le informazioni utili per accedere all'affitto.

«Senti, non ho voglia di sorbirmi tutte queste cose noiosissime, zitto e ascolta tu! Sono transessuale o transgender o una roba simile, insomma non so ancora di preciso, o forse dovrei semplicemente dire che mi sento più vicina a una donna che a un uomo… problema? Aspetta a rispondermi che la lista è lunga… dicevo, sono transessuale, non sono gay, non sono uomo, in mezzo alle gambe ho ancora quella cosa che credo abbia anche tu, ma questi non sono fatti tuoi. Sono confusionaria non solo riguardo al mio genere di appartenenza ma nella vita in toto… detesto le regole e soprattutto chi le detta… soffro d'insonnia, lavoro nella cosmesi, pago regolarmente e, non ci crederai, ho pure una Mastercard Platinum. Mi faccio i cazzi miei e voglio che gli altri si facciano i loro. Ho un debole per gli uomini sposati, quindi non presentarmi mai tuo padre, se è sposato. Detesto le coppie che si baciano in strada o che passano le domeniche sulle panchine dei parchi della città a bersi tutto quello smog ma soprattutto a far finta che la loro sia una storia da cinema. Mi piace indossare abiti da sera anche di giorno. I tacchi per me sono come per te l'aria che respiri. Ho una pelle mista tendente al grasso. Vado due volte a settimana dal parrucchiere, anche perché le extension che indosso non sono certo da due euro ma costano quanto un viaggio per due persone in una struttura superlusso alle Maldive. Detesto chi ti regala le candele di Diptyque e chi alla seconda domanda ti chiede di che segno sei e chi si spruzza il profumo senza lavarsi. Sono molto pulita, non ho animali se non un cane muto, immobile, insomma che non abbaia e non sporca ma ti assicuro che è fedele e mi tiene più compagnia della tua fidanzata barra moglie, semmai ne avessi una. Sono plastic-addicted, che non è una nuova forma di riciclo ma una vera e propria adorazione e riconoscenza nei confronti del silicone: tutto quello che vedi non è nato con me ma orgogliosamente comprato poco dopo… problema?»

«Be', direi un ottimo curriculum, io di problemi non ne ho e francamente l'unica cosa che penso di te è che non sei una tipa né noiosa né normale.»

«Primo: tipa lo dici a tua sorella e di certo non mi devi insegnare tu cosa sia normale o no, secondo poi: non so te ma io sono già annoiata a morte da questo incontro, quindi se per te è ok fissiamo un giorno per vedere la reggia e io arrivo già con un assegno, quante mensilità vuoi? Una, due, tre?»

Chantal ha fatto colpo sui tre uomini al bancone, lo capisco dai sorrisini, dalle parole sussurrate e dal fatto che non tolgono lo sguardo dalle tette dandosi di gomito.

Loro sono alle spalle di Chantal ma lei sembra avere occhi ovunque, ruota il collo di quarantacinque gradi e senza nemmeno guardarli in faccia urla: «La pausa caffè è finita, quindi potete tornare in ufficio e posare il vostro triste sguardo sulle vostre colleghe grigie fantasticando su chissà quali prodezze sessuali da consumare nel ripostiglio delle scope. Quanto a te, Luca, io direi che ora ci pensi e poi mi chiami e io arrivo».

«Posso chiederti un'ultima cosa? Perché sei interessata a uno dei miei appartamenti?»

«Bello, sei il mio fidanzato? Sei un mio carissimo amico? Sei un mio famigliare? Tu affitti appartamenti, io ne sto cercando uno, punto. A te deve solo interessare che ho i soldi e che non ti creo problemi.»

Alzandosi mi prende la testa, la mette tra i palloncini e mi schiocca un bacio sulla fronte. Poi si gira verso i tre uomini mostrando il dito medio. E io penso a mio padre e al suo condhotel che non è ancora nato ma ha già i giorni contati... bye bye, papi.

La Carla

«In tutto, per curiosità, quanti appartamenti ci sono, mi scusi?»

«Le unità abitative sono dieci più qualche stanza singola, ma attualmente c'è solo una persona che vive in un appartamento. Lei, signora Carla, è la seconda, anzi la terza con il suo gatto.»

Nel plico dell'avvocato, tra i candidati, c'era anche questa lettera scritta a mano.

Buongiorno e scusi il disturbo.
Innanzitutto mi presento: mi chiamo Carla Bonomi, ho 89 anni e mi definiscono un'anziana signora in pensione.
Non voglio essere inopportuna ma l'età, il mio essere madre, nonna e bisnonna mi portano a dire sempre quello che penso.
Credo sia una prerogativa più femminile che maschile.
Agli uomini la menzogna piace di più o semplicemente se la dimenticano prima.
Comunque ho letto l'inserzione e ho trovato molto curiosa la vostra iniziativa; ne avevo letto qualcosa tempo fa sui quotidiani e so del successo strepitoso che ha riscosso in America.
Mi permetta di esternare la mia modesta perplessità sul fatto che voi possiate bissare il successo dei vostri colleghi d'oltreoceano.
L'ho accennato prima, ho il brutto vizio di dire sempre quello

che penso, specialmente alla mia età. Non mi inibisce nemmeno il fatto che per me possa essere controproducente.
Detto questo, sperando di non annoiarla, voglio scriverle cosa mi spinge a candidarmi come ospite presso la vostra struttura.
Come le dicevo i prossimi sono novant'anni e mi ritengo una donna molto fortunata, la vita mi ha offerto tanto ma poi, come spesso succede, ha cominciato a chiedermi il conto.
Mi piace pensare che la vita sia come una scrivania, con sopra una lampada accesa e davanti una sedia. E che sia composta da tre fasi.
Nella prima fase siamo in piedi, di fronte alla scrivania, con la luce che illumina cosa c'è intorno a noi.
Scrutiamo, tocchiamo, annusiamo, impariamo a dare un nome a tutto quello che ci circonda e cerchiamo di farlo nostro.
Insomma ci armiamo.
Sono gli anni della scoperta, dello stupore, della formazione, delle corse all'impazzata. Gli anni dove tutto ci sembra nuovo e possibile. Tutto è o estremamente bello o estremamente brutto. I confini sono netti, nessuna sfumatura, ma soprattutto abbiamo la smania di diventare grandi con la presunzione che, per noi e con noi, il domani sarà non solo diverso ma migliore.
Nella seconda fase siamo seduti alla scrivania e la lampada è puntata solo su di noi, sul nostro viso.
Intorno sembra ci sia poco da guardare.
Siamo i protagonisti assoluti della nostra vita. Abbiamo imparato, abbiamo capito.
Sappiamo chi vogliamo essere o meglio crediamo di saperlo.
Siamo cresciuti e ci siamo resi conto che la vita è fatta anche di sfumature, di compromessi. Che non sempre si può fare quello che ci pare ma a volte dobbiamo fermarci, "respirare" e poi continuare.
Ma a volte le frustrazioni ci logorano, ci lavorano dentro come trivelle che cercano il petrolio e spesso ci capita di nutrirci di egoismo.
E così cominciamo a guardare con sospetto la felicità altrui.

"Perché lui e non io?" è la domanda che ci rivolgiamo più frequentemente.
La vita sembra un campo di battaglia alla ricerca della vittoria.
Peccato che il premio, però, non lo si ritiri mai.
Poi arriva la terza fase.
La mia.
Ho i piedi appoggiati su un cuscino sopra la scrivania e la luce illumina solo quello che ho davanti, io sono dietro, in penombra, anche i contorni sono un po' sfumati.
Sono gli anni dell'attesa, del tempo che non passa mai.
Sono gli anni dei bilanci, come quelli che si fanno a fine anno in vista di quello nuovo.
Aspetto che arrivino le undici, anche se sono già sveglia dall'alba, e che si alzi un po' la temperatura per uscire a fare quelle due commissioni quotidiane.
Aspetto una visita che molte volte viene disdetta all'ultimo momento.
È l'età in cui lo sguardo altrui ha smesso di posarsi su di me e se lo fa è solo per ricordarmi che sono sul viale del tramonto.
Quindi, ora, sono io a guardare gli altri.
Mi siedo più spesso in giardino, sulla panchina sotto il glicine con un libro in mano, ma il più delle volte lo tengo chiuso e mi abbandono ai ricordi.
Tiro fuori il servizio pregiato di porcellana anche per l'evento più banale.
Indosso il vestito più bello anche solo per rimanere seduta in poltrona, davanti al camino.
Dal mio lessico sono spariti avverbi come: dopo, sempre, spesso, l'anno prossimo o la prossima estate.
Assaporo la vita sempre meno ma ho imparato a sopportarla di più.
Il lusso non mi attrae più come prima, ma solo perché intorno a me non ne vedo e non parlo solo di quello materiale.
Perché le sto raccontando questo?
Oggi mi rimangono due alternative: o continuo a recitare la parte della vecchia, il ruolo che la società vuole che vesta, o magari faccio una cosa che, sebbene per poco, potrebbe far-

mi sentire nuovamente viva. E in una di queste opzioni, voi siete contemplati.

Con rispetto e educazione
Carla Bonomi

«A che ora arriva il suo furgone del trasloco?» chiedo.

«Nessun furgone, tutto quello di cui ho bisogno è qui con me, in queste due valigie e, signor Luca, questa è Teresa, la mia gatta, che come avrà capito è femmina, cerchi di ricordarselo.»

Do una carezza a Teresa che, senza fare una piega, mi guarda con quegli occhioni stanchi come a dire: "Mo' chi è quest'altro coglione?".

«Signora Carla, posso chiederle una cosa, se non le sembro troppo sfacciato?» Mentre formulo la domanda mi rendo conto che non ne ho il diritto.

«Mi dica, signor Luca.»

«Sa che non ho ancora capito come mai lei ha deciso di trasferirsi qui?»

La signora Carla abbassa gli occhi, guarda Teresa deliziandola con un grattino sotto la gola, fa passare qualche secondo e poi, spostando lo sguardo su di me: «Tempo al tempo, signor Luca, e capirà. Lei purtroppo è ancora nella seconda fase, ha la luce solo su se stesso, le sfumature ancora un po' le sfuggono. E se permetti diamoci del tu, d'ora in poi sarò solo La Carla e per me tu sarai Luca. Comunque, per darti un indizio sul perché io sia qui, diciamo che ha molto a che fare con il perché anche tu sei qui».

E mentre andava via verso gli ascensori, con Teresa e il ragazzo che le portava i bagagli, ho pensato che, se anche non la conoscevo più di tanto, avrei voluto che mia madre diventasse quel tipo di donna.

Oggi, a trentacinque anni, ho capito che non devi per forza conoscere la storia di una persona per apprezzarla; devi valutarla per quello che è ora.

I cavallucci marini

Oggi Alex, il terzo affittuario arrivato, fa il debutto in società: pranzerà con le veterane Chantal e La Carla.

Ho dimenticato di dirvi una cosa.

L'architetto tempo fa mi chiese se volevo mantenere o no le telecamere a circuito chiuso, ereditate dalla gestione precedente. Chissà poi perché le avevano piazzate ovunque.

A onore del vero l'architetto mi disse anche che per legge non avrei potuto tenerle, perché era una violazione della privacy o qualcosa del genere, a maggior ragione dal momento che le stanze erano diventate appartamenti privati.

Gli risposi che ci avrei pensato, ma mentre parlava mi si è accesa una lampadina nella testa. Lo so, era una follia, ma mi incuriosiva troppo l'idea di osservare la fauna che stavo creando. Loro erano i miei soldati e stavano combattendo una guerra insieme a me.

Morivo dalla voglia di vedere la faccia di mio padre quando qualcuno lo avrebbe avvertito dell'identità dei suoi affittuari.

MONITOR SALA DA PRANZO

La Carla e Chantal sono in piedi vicino alla finestra; La Carla tiene nella mano destra un bicchiere di vino.

«Alla salute!» Chantal ammicca verso La Carla.

«Be', non pensare che sia un'alcolizzata! In realtà è solo da una decina d'anni che apprezzo il vino, prima di allora ero astemia. Diciamo che con l'età è più facile trovarsi in compagnia di un buon bicchiere che di altro. E tu invece, da quanto tempo intervieni chirurgicamente sul tuo corpo?»

«Carla, se ti aspetti la storia della piccola fiammiferaia te lo scordi. Io non li capisco proprio tutti quegli stronzi che vanno in tv a piangere sul latte quando non solo è già stato versato, ma è pure andato a male, no grazie, anche no! Se ti aspetti la menata della povera transessuale che si è trovata ingabbiata in un corpo che non le apparteneva e tutte quelle stronzate trite e ritrite, guardati un programma del pomeriggio che fai prima. Non ho voglia di stare qui a rivangare il passato. A ricordarmi di una persona che non volevo essere. Ma che cos'è questa mania di indagare, di sapere chi e cosa siamo stati? Io sono quella che vedi adesso, se ti basta bene, altrimenti riempiti di nuovo il bicchiere e fatti passare queste curiosità da psicologa da tre soldi.»

«Io non indago nulla, Chantal, hai fatto tutto da sola. Ti ho solo posto una semplice domanda. Del tuo passato non me ne importa niente, a meno che non sia tu a decidere di parlarmene. È chiaro, però, che basta guardarti per capire che hai avuto un passato e anche bello ingombrante e forse difficile, ma, come dici tu, sono cazzi tuoi. Permettimi solo una cosa: l'unica a cui dovrebbe importare del tuo passato sei proprio tu. Ascolta una povera vecchia, solo accettando il proprio passato, con tutto il dolore che comporta, possiamo sperare di essere domani ciò che vogliamo.»

E con un tempismo perfetto, Alex fa ingresso nella sala da pranzo.

«Salve, sono Alex, il nuovo, come si dice... inquilino?»

Chantal, con una tuta zippata in jeans e le irrinunciabili tacco 12, va incontro al nuovo arrivato.

«Benvenuto ad Asfaltilandia! Sono Chantal e la vecchia alcolizzata alle mie spalle è La Carla, mi raccomando ci tiene all'articolo davanti al nome.»

«Piacere, Carla. Alex, non darle retta. Dai, sediamoci. Aspettavamo proprio te per iniziare... ti piacciono le trenette al pesto?»

«Ma come funziona qui?» chiede Alex.

«Credo che tu ti riferisca alla cena... in effetti si potrebbe mangiare ognuno nel proprio appartamento ma, dato che siamo sole abbiamo pensato di condividere, facendo i turni per cucinare. In questi giorni con Chantal abbiamo fatto così, un giorno se n'è occupata lei e il giorno dopo io e così via. Quindi rispetto a stare da soli alla fine è un vantaggio, si spadella di meno. E ora che sei arrivato tu si hanno ben due giorni di riposo prima di tornare a spadellare.»

Chantal alza gli occhi al cielo e indicando La Carla dice: «Primo, la signora qui presente non solo è alcolizzata ma è pure bugiarda. Alex, ti chiami così, no? Vuoi la verità? In dieci giorni trascorsi insieme La Carla si è occupata della cucina almeno otto volte e io solo due. Ha cucinato lei e si è fatta anche spedire con Glovo materie prime di qualità. Io non sapevo cucinare nemmeno nella mia vita precedente».

«Basta, mangiamo» taglia corto La Carla. «Non perdiamo tempo, voi siete giovani e dovete cercarvi la vita, là fuori. Io di tempo libero ne ho un sacco perché la vita mi ha già trovato. Vino, Alex? È un Pigato di Albenga che sta benissimo con il pesto.»

La Carla allunga la bottiglia di vino verso il bicchiere del ragazzo.

«Scusaci, Alex, ti abbiamo travolto di parole e non ci hai raccontato ancora nulla di te, che ospiti maleducate che siamo, vero Chantal? Dai, dai, racconta, perché sei qui?»

«Perché sono qui... allora, vediamo... ma premetto che la mia vita non è tanto interessante quanto sembra essere la vostra. Sono qui perché il mio coinquilino è dovuto rientrare al Sud, con il Covid ha perso il lavoro e non poteva più permettersi di rimanere a Milano e io da solo non potevo più permettermi di stare in quell'appartamento. Mi hanno detto di questo posto che a dire la verità per me è un po' fuori budget, cioè, lo so che l'affitto qui è basso, insomma, giusto... la verità è che in questo periodo, ehm, diciamo che sono un po' tirato con i soldi. Lavoro in un'associazione per i diritti della comunità Lg... ehm, per i diritti dell'uomo, per lo più mi occupo dell'archivio e ogni tanto mi fanno scrivere qualche pezzo per il sito, ma poca roba, nulla di che.»

«Ah, quindi questo look da bibliotecario sfigato fine secolo non è studiato... sei costretto a vestirti così?» dice Chantal.

«E come sarebbe il look da bibliotecario fine secolo? Sono curiosa, dimmi! Scusa Alex, ma questo è il suo modo di famigliarizzare» dice La Carla.

«Ti devo proprio insegnare tutto! Allora, golf grigio topo di Zara trentanove euro, ventidue se lo ha preso in saldo, sotto una maglietta bianca, quelle nelle confezioni da tre di H&M, sicuramente non più bianca smagliante, ma per i troppi lavaggi sbagliati tendente al grigio, ma chi se ne fotte, è sotto e quindi non si vede, jeans con il risvolto sicuramente datati, Adidas bianche Stan Smith, le ho viste in centro poco tempo fa scontate venivano poco più di cinquanta euro e, pensa, tutte le sere dopo averle levate le sfrega con uno spazzolino da denti per far rimanere quella sembianza di bianco, occhiali old style Ray-Ban che una volta che li compri ti vanno bene per una decina di anni... insomma un look ordinario, modesto ma ben definito, un look che io chiamo VOGLIO SPARIRE. Ci ho azzeccato, Alex?»

Alex rimane come frizzato, una gamba accavallata sull'altra, il busto piegato verso la tavola e il collo incassato nelle spalle. In mano ha il cellulare che da quando è arrivato non ha mai mollato come fosse una parte di sé. Ha una espressione concentrata, sembra stia setacciando tutti i sostantivi usati da Chantal.

«Allora, spero di ricordarmi tutto... è vero, il maglione è di Zara, francamente la maglietta non ricordo ma ti assicuro che è bianca splendente, se c'è una cosa di cui vado orgoglioso è la mia meticolosità nell'ordine e nell'igiene.

Gli occhiali sono un regalo di mia madre e la storia dello spazzolino è vera in parte, uso una spazzola da bucato. La marca delle scarpe manco la sapevo... diciamo che decidere come vestirmi la mattina non rientra nelle mie priorità, come del resto molte altre cose, tipo le macchine, il calcio, i ristoranti, le discoteche... ve l'ho detto che la mia vita non è interessante.»

«E perché pensi che non lo sia?» chiede La Carla.

«Boh, non so, è così. Voi due sembrate molto più originali di me, io so di non catturare l'attenzione degli altri e so anche che sono il primo a non far nulla perché avvenga il contrario. Insomma mi va bene così, forse non so ancora esattamente cosa voglio essere e perché, tutto qui. Comunque Chantal non è esatto dire che il mio look è "voglio sparire", semmai più "non guardatemi".»

«Ahahah, carina questa! Ti vedi brutto?» chiede Chantal.

«Chantaaal, dai, è appena arrivato!»

«Ma cosa vuoiii? Sei sempre tu che dici che bisogna confrontarsi...»

«Sì, certo, ma bisogna anche rispettare i modi e i tempi, dare la possibilità alle persone di prendere confidenza.»

«Non mi vedo bello» dice Alex.

«Sei fidanzato?» chiede sempre Chantal.

«No.»

«Sei mai stato fidanzato?»

«Credo di no, mi sono sicuramente innamorato qualche volta, ma mai corrisposto.»

«Oddio, non sarai mica vergine?»

Alex diventa tutto rosso, si muove bruscamente e fa cadere la bottiglia di vino che era rimasta di fianco al suo piatto.

«Alex, tranquillo, non rispondere, alla signorina piace provocare.»

Alex è carponi sul pavimento che cerca di pulire con il tovagliolo il vino rovesciato, la sua voce arriva da là sotto: «No, non sono vergine... insomma, qualche esperienza l'ho avuta anche io... ma scusate, io mi imbarazzo a parlare di me stesso, piuttosto ditemi di voi...».

Alex, come quei giochi a molla, ricompare da sotto il tavolo.

«Allora, Alex» dice Chantal, «per fugare ogni dubbio ti do le istruzioni per l'uso. Devi sapere che La Carla è una ricca signora che manco la Madonna, e non mi riferisco alla popstar ma a quella con il velo azzurro, ha capito perché minchia ha deciso di vivere qui. La qui presente possiede in centro un attico di duecentocinquanta metri quadrati con tanto di servitù e autista ma, per un misterioso segreto, ha deciso di deliziarci della sua presenza e di vivere in un miniappartamento grande quanto il suo bagno e per giunta in culo al mondo.»

La Carla ride di gusto ed è sempre molto divertita dal linguaggio di Chantal.

«Non darle retta, alla signorina piace sempre colorare un po', esagera!»

«E due... signora, non signorina, prego. Per quanto riguarda me, forse non ti è sfuggito che sono una giovane transessuale che vive solo per la chirurgia plastica. Ecco, fine delle storie, è tutto quello che devi sapere di queste due signore. Invece tu che sindrome hai?»

Alex impugna il cellulare e chiede a Chantal: «Potresti rifarmi tutto il discorsetto mentre ti riprendo? Mi è piaciuto un sacco, l'ho trovato molto pop, contemporaneo, vero, diretto, senza fronzoli».

«OH CAZZO SANTO, sei più grave di quello che pensassi, ma questa tua disfunzione ha un nome?»

«No, scusa... hai ragione, è che ho la fissa per la verità, per le cose dette d'istinto, mi piace conservare concetti, frasi, opinioni. Sono una specie di collezionista della realtà, non quella fatta di notizie di cronaca, di costume, di gossip o quant'altro, ma di vita normale.»

«Non capisco se sia un complimento o cosa, ma visto che è il tuo primo giorno ad Asfaltilandia ho deciso di farti un regalo. Senti, collezionista della realtà, metti pure il cellulare in modalità video che voglio regalarti un appello a reti unificate da fare invidia a quelli di "Giuseppi" Conte».

La Carla con un sorriso tra il divertito e il terrorizzato dice: «O santo cielo, ci dobbiamo preoccupare?».

«Tranquilla, Miss sagra dell'uva, voglio solo rispondere alla domanda che mi hai fatto prima che entrasse Alex... tu sei pronto? Mi devi dare un ciak o un qualcosa del genere per partire? Aspetta, voglio partire di spalle e poi mi giro lentamente e inizio. L'ho visto fare a Lady Gaga in quel documentario che parlava della sua malattia. Dimmi quando sei pronto.»

«Pronto!» dice Alex con il cellulare a pochi centimetri dal naso.

Chantal è di spalle, si gira lentamente, sospira e dice: «La qui presente signora La Carla.... INQUADRALA!!!».

Il grido di Chantal provoca ad Alex uno spavento che per poco non gli fa cadere il cellulare dalle mani.

«Ora torna su di me... prima che tu entrassi la vecchia mi ha chiesto da quanto tempo stessi modificando il mio corpo con la chirurgia plastica. Ebbene non ha importanza da quanto tempo, semmai la domanda dovrebbe essere perché ho intenzione di continuare a farlo. Allora, sono biondo platino ma non sono totalmente scema. Ho la consapevolezza di non essere esattamente l'esempio di normalità a cui la società è abituata o forse dovrei dire che rappresento il tipico mostro da combattere, da evitare, da giustiziare e cancellare, ma questo è un altro problema sul quale non voglio esprimermi ora. Prima parlavo di consapevolezza. In questi pochissimi anni della mia vita, praticamente una bambina, ho capito una cosa. Io, e bada bene, sto parlando solo di me, non in nome di tutte le trans, questo è importante e ci tengo a specificarlo, dicevo io non potrò mai ambire a essere totalmente donna e men che meno uomo. Io ho chiaro in testa che tutte le operazioni del mondo, tutti gli ormoni del mondo, tutti gli psicologi del mondo non potranno mai e dico mai trasformarmi nella stessa donna che è mia madre.»

«Scusa, una domanda» interrompe Alex, «ma tu... ehm.» Sembra aver difficoltà a trovare le parole per finire la frase.

«Sì, ho il CAZZOOO, PROBLEMIII???» dice Chantal, incalzando lapidaria e cambiando il tono della voce.

Alex nemmeno risponde, alza la mano come per scusarsi senza levare gli occhi dal display del cellulare.

«Dicevo, non potrò mai essere donna e il genere uomo l'ho già seppellito da un'eternità. Sono trans, non sono scema e in questi pochi anni di vita…»

«Praticamente una bambina…» interrompe La Carla.

«Brava, vedi che se ti applichi poi alle cose ci arrivi… comunque, dicevo, ho capito una cosa: avere un uccello tra le gambe o una passera non farà mai di te né un uomo né una donna. Il mio genere di appartenenza per ora non l'ho ancora definito, ma lo troverò grazie alla chirurgia plastica. Voglio essere diversa, né uomo né donna, una creatura unica, un qualcosa che in natura non esiste ancora… diciamo un umanoide esteriormente modificato.»

Alex ha la bocca spalancata e continua a riprendere: «Cazzo, è forte questa roba».

A quel punto prende la parola La Carla: «Spegni quel cellulare e non riprendermi. Chantal, però tu hai sembianze più da donna che da uomo, con te usiamo il pronome al femminile…».

«Certo, da qualcosa dovevo partire, o speravi che mi trasformassi in un unicorno, in un minotauro o in Milly Carlucci?»

La Carla finge di non raccogliere la provocazione.

«Quindi tu accetti la tua parte femminile.»

«Io faticosamente accetto tutto di me, come del resto sempre faticosamente accetto te, lui e tutti quelli là fuori. Diciamo che la base è donna e tutto intorno c'è tanto, tanto silicone e ne voglio sempre di più. Ma ora voglio fartela io una domanda: a te piacciono i cavallucci marini? Cosa pensi di loro?»

«Oddio, non ti capisco… cosa c'entrano i cavallucci marini ora?»

«RISPONDI!!!» urla perentoria Chantal.

«Be', tutti pensano bene dei cavallucci marini, sono bellissimi, eleganti, teneri, poetici» risponde La Carla.

«Infatti, hai perfettamente ragione, ma sai che pur essendo maschi si fanno ingravidare dalle donne e partoriscono? Secondo te come mai nessuno li chiama transessuali, depravati o altro? Ma soprattutto come mai la società non li ha ancora etichettati come mostri e non li strumentalizza facendoli diventare reietti del mondo animale? E potrei continuare con altri esempi pescati nella flora e nella fauna dove tutto questo bisogno di delimitare un confine tra normalità e diversità non c'è.»

A quel punto Alex si alza in piedi all'improvviso, prende un respiro e tutto di un fiato dice: «Io sono gay e l'associazione per la quale lavoro si occupa dei diritti della comunità Lgbt».

Chantal scoppia in una fragorosa risata.

«Terna!!! Una trans, una vecchia e un gay! Di questo passo Asfaltilandia rischia di diventare uno zoo. E comunque non occorreva che lo specificassi, ti vestirai pure da bibliotecario ma che ti piace il gelato l'ho capito da subito.»

«Scusate ma io con queste sigle in inglese non sono molto ferrata, vi ricordo che fra poco compio novant'anni e credo di essere un po' fuori dai giri...»

«L di lesbiche, G di gay, B di bisessuali, T di transgender... tutto chiaro o devo prendere i pon-pon per diventare una cheerleader e cantarti datemi una L, datemi una G, datemi una B, datemi una T? Tanto è inutile con te, un altro bicchiere e ti sarai già dimenticata del significato della sigla...»

Fottuti etero del cazzo

Gli appartamenti si stanno riempiendo.

Oggi è il primo giorno di Ebo e Fabiola.

Io come tutti i giorni me ne sto davanti ai monitor a spiare i miei soldati, ma per la verità quando manca Chantal è tutto meno divertente e più piatto.

MONITOR SALA DA PRANZO

«Ma dov'è Chantal? Cavolo, lo sapeva che oggi sarebbero arrivati i due nuovi e per giunta era il suo turno. Quanti giorni di fila sono ormai che non cucina?» dice Alex alla Carla entrando in sala da pranzo.

«Mi ha chiamata e mi ha detto che si era totalmente dimenticata, ma non preoccuparti, starà per arrivare. Ho fatto del riso con pollo al curry per tutti, prendi il vino nella dispensa.»

«Quale prendo?» chiede Alex.

«Prendi una bottiglia di Negroamaro Zappa La Notte, i toni speziati si sposano bene con il curry. Com'è andata oggi al lavoro?»

«Mah, abbiamo un po' di noie e poi ultimamente ci sono alcuni di quei buffoni del centrodestra che ci stanno addosso. Da quando sul sito abbiamo pubblicato il video di quella deputata che dice che noi gay siamo il male da estirpare va sempre peggio. Ma ti rendi conto? Quella zoccola ha anche aggiunto che è colpa delle famiglie che non sanno raddrizzare i figli, che per colpa loro diventano gay come se fosse una forma di delinquenza. Infine, ciliegina sulla torta, sulle famiglie arcobaleno ha concluso dicendo: "Se un bambino cresce con genitori o un genitore gay, parte da un gradino più sotto. Parte con un handicap". Oggi due inserzionisti hanno cancellato il loro contratto pubblicitario con noi, perché ritengono che la nostra linea editoriale non sia più in accordo con la loro visione. Dobbiamo inventarci qualcosa per fare rumore e aiutare la gente a svegliarsi da questo torpore. Ma non mi viene in mente nulla... secondo te cosa dobbiamo fare?»

«Innanzitutto non mi piace la parolaccia che hai usato nei confronti di quella deputata, che sia ignorante lo posso capire, ma non è giusto definirla così, altrimenti ti metti al loro livello, e poi le prostitute vanno comunque rispettate. Non capisco perché si passi la vita a odiare le persone che la pensano in modo diverso da noi. Ormai di fronte a qualcosa di diverso non si cerca più di capire o di confrontarsi, si odia. Cercate di essere più costruttivi, deponete le asce di guerra voi che avete buon senso e semmai usate le vostre energie per smascherare la loro ignoranza. Alex, da quel poco che ti conosco tu non hai odio o cattiveria dentro di te, sei attento, un ottimo ascoltatore, memorizzi tutto, archivi, nulla ti sfugge. Ti ho osservato, sai che a Chantal piace l'acqua frizzante e stai attento che il suo bicchiere sia sempre pieno. Sai poi che lei odia avere le finestre aperte alle spalle e, prima ancora che entri in sala, ti premuri che siano ben chiuse. La sera dopo cena non ti imponi mai su cosa vedere in tv. Si capisce che desideri che gli altri intorno a te stiano bene, che si sentano a loro agio, e fai di tutto per farli sentire così. Usa queste tue doti, estendile anche al lavoro che fai, usa questa tua sensibilità per fare qualcosa di grande.»

«Lo so, Carla, ma per me non è semplice, ho ancora così tanta confusione...»

In quel preciso istante fa il suo ingresso nella sala da pranzo Chantal con una scarpa in mano, il tacco 12 penzolante, e un fazzoletto sporco di sangue appoggiato alla bocca.

«Pezzi di merda fottuti etero del cazzo!»

«Stavamo appunto parlando di pace» dice Carla andandole incontro, «vieni qui, fammi vedere quel labbro, ma che è successo?»

Chantal si lascia cadere a peso morto su una sedia e la sua gonna a palloncino di Vivienne Westwood si affloscia come una torta appena tolta dal forno.

«PACEEE?! Non dirmi che sei pure una hippy travestita da vecchia che va in giro a professare l'amore libero. Carla, ma da quanto tempo non esci di casa? Sei venuta dal tuo attico in questa topaia senza passare dal via? Ormai non c'è più Parco della Vittoria. Fuori non ci sono le carrozze con i cavalli bianchi e le sale da tè.»

«Pensavo di averti vietato di parlarmi come se fossi un biscotto della fortuna. Bevi questo bicchiere d'acqua e dimmi subito cosa è successo. Alex, vammi a prendere del disinfettante e delle salviette umide, è tutto lì nel secondo cassetto» risponde piccata La Carla.

«Quello che succede tutti i giorni. Fuori è una giungla e bisogna difendersi con i denti. E tu, Alex, piantala di riprendermi se no ti metto quel cellulare dove non ti batte il sole in modalità silenziosa e te lo faccio vibrare per tutto il giorno, no anzi, meglio di no, che poi ci prendi gusto. Comunque, stavo aspettando l'autobus per tornare qui ad Asfaltilandia e vicino a me c'era una ragazzina tanto carina con un outfit meraviglioso. Indossava dei leggings che le facevano un culo quasi più bello del mio. Dall'altra parte della strada c'erano tre ragazzotti seduti sul marciapiede. Ho notato subito che stavano adocchiando la ragazza, parlottavano tra di loro ma fino all'ultimo ho sperato che se ne rimanessero lì. E invece uno di questi si è alzato e ha cominciato a fare il bullo, a dirle le peggio cose, insomma faceva apprezzamenti pesanti sul culo e sul seno. Io cercavo di stare calma ma a un certo punto le mie orecchie hanno sentito questa frase: "Bambolina, non prendere il bus, ti portiamo noi dove vuoi, ma prima ti spacchiamo per bene". A quel punto non ci ho visto più. Mi sono scagliata contro di lui come una furia. Non capivo più nulla, mi ricordo solo che picchiavo, calciavo tutto quello che mi capitava a tiro. Dopo poco ero a terra con il labbro spaccato e il tacco 12 rotto, loro però, i vigliacchi, sono scappati in motorino. Mi sono rialzata in piedi e, ci fosse stato uno straccio di persona, uno stronzo qualsiasi a chiedermi come stavo o se avessi bisogno di aiuto. Ognuno era nella stessa posizione in cui si trovava prima della zuffa. C'era chi era seduto sotto la pensilina a fare il cruciverba, chi ascoltava la musica in cuffia, chi parlava al cellulare. Assurdo, nessuno e dico nessuno ha fatto nulla. Sentivo il viso gonfiarsi, mi pulsava il labbro ma ero così fiera di essere stata l'unica, la sola a difendere quella ragazzina. Però la botta di autostima si è subito ridimensionata. È arrivata LA DIVISA, mi hanno chiesto i documenti e subito dopo come mai sul documento ci fosse scritto Giovanni.»

«Tu cosa hai risposto?» chiede Alex.

«Che un rospo mi aveva baciato… comunque pensi che qualcuno mi abbia domandato come stavo? Se avessi qualcosa di rotto? Ho strappato il documento dalle mani di quell'idiota e me ne sono andata senza dire una parola. In compenso hanno parlato loro: "Ah, fenomeno, vedi di rigare dritto e di non creare altri casini, e vestiti che fa freddo". Mi sono girata, ho preso dalla mia Birkin uno specchietto e fingendo di sistemare il trucco ho alzato il dito medio. E da eroina in pochi secondi sono diventata per tutti la colpevole, e la ragazzina manco mi ha ringraziato.»

«È esattamente questo che cercavo di spiegarti prima» dice Alex rivolgendosi alla Carla, «ormai la gente è assuefatta alla violenza, a quella verbale e, come ha appena raccontato Chantal, anche a quella fisica. Siamo a un punto di non ritorno. Ciò che è diverso scatena odio, violenza. E i media ci sguazzano. Fateci caso al tg, sui giornali, alla tv danno sempre più spazio a chi semina odio. Addirittura a volte chi stupra, picchia, commette reati viene intervistato, ascoltato, e spesso si prova a dargli il beneficio del dubbio. Diventano protagonisti. E così facendo si legittima tutto. Perché se uno fa una cazzata o dice una stronzata e malgrado questo gli viene dato spazio e risalto, be', è chiaro che per alcuni sarà lecito pensare che tutto sommato ha fatto bene o quanto meno pensano che quella sia una forma di... normalità. Sono sicuro che quella gente che ha assistito all'episodio di Chantal avrà pensato: 1) la ragazzina era una poco di buono perché andava in giro con il culo a vista; e viene colpevolizzata; 2) questi tre sono solo ragazzi e in fondo non fanno niente di male, corteggiano una ragazza, magari in modo un po' troppo vivace, ma si sa, sono adolescenti e hanno gli ormoni a palla, insomma hanno fatto una bravata; e vengono assolti; 3) i carabinieri hanno capito e dimostrato a tutti che il vero problema era Chantal, chiamandola con il suo nome di nascita e intimandole di andarsene e di coprirsi, quasi a dimostrare che l'unica nota stonata era lei e non la situazione.

«Insomma ci siamo abituati a tutto e a tutti. Le categorie che vengono descritte e percepite come il male dal quale difendersi sono sempre le solite. Si strumentalizza l'ignoranza e si dice alla gente: occhio, non vorrai che tuo figlio frequenti un ragazzo di colore, perché quelli rubano, violentano le vostre figlie, sorelle, madri, spacciano. Occhio ai trans, quelli battono, si prostituiscono, attaccano le malattie ai vostri mariti. No ai gay, agli obesi, gli anoressici, ai disabili, ai vecchi e così facendo abbiamo trasformato il nostro Paese in un esercito di giustizieri.»

In quel preciso istante fanno ingresso nella sala da pranzo Ebo e Fabiola.

«O Santa Madonna del Carmine, lo zoo aumenta» dice Chantal con il labbro ormai violaceo.

Ebo e Fabiola

Ebo e Fabiola hanno scritto un'email.

Lui arriva dallo Zambia. È sbarcato a Lampedusa all'età di dieci anni ed è stato portato in un centro di accoglienza con sua mamma. Qualche mese dopo è rimasto orfano perché un'infezione letale ha colpito la madre. Da lì è stato portato in un altro centro a Torino e qualche anno dopo è stato preso in affidamento da una coppia di anziani che poi lo ha adottato.

Ma con Ebo la fortuna non è stata generosa e pochi mesi prima del suo ventesimo compleanno è rimasto nuovamente solo. I genitori adottivi sono morti a poca distanza l'uno dall'altra, prima il padre e poi la madre, lasciandogli la cittadinanza italiana, una casa e qualche soldo.

Ebo da allora parla poco, si è chiuso in un mutismo ostinato. Anche al colloquio ha sempre risposto a monosillabi, nonostante i miei tentativi imbarazzati di intavolare un dialogo.

Con Fabiola si sono conosciuti su Instagram. Lui per lo più pubblica foto di cancelli chiusi, muri, barricate. Nessuna didascalia. Fabiola ne era rimasta colpita, incuriosita. Lei è stata l'unica che ha avuto il coraggio di fargli una domanda: perché?

Da lì hanno cominciato a messaggiarsi in direct, e poi a sentirsi e a vedersi ogni tanto.

Ebo le raccontava che i soldi lasciati dai genitori stavano per finire e che avrebbe avuto ancora un'autonomia di qualche anno e poi, se non trovava nulla, forse avrebbe dovuto vendere la casa, insomma doveva capire cosa fare della sua vita. Ma le raccontava anche che era sicuro che per quelli come lui non ci sarebbe stato nessun tipo di futuro.

Fabiola lo esortava a coltivare la sua passione per la fotografia. Ha persino mostrato alcuni dei suoi scatti a un amico che collaborava con alcune gallerie d'arte. Insisteva che avrebbe dovuto cercarsi un corso e perfezionare la sua tecnica perché di talento ne aveva da vendere.

Fabiola gli confidava che si sentiva come una bimba piccola, che doveva nuovamente imparare a parlare e a fidarsi degli altri.

Lei è stata per un momento famosa sui social e non solo.

Aveva pubblicato dei video in cui ballava, si truccava, rideva, viveva. Così, senza retropensieri o scopi particolari. Ma quei video erano diventati virali.

In poche settimane aveva incrementato i suoi follower da poche centinaia a più di dodicimila.

Tra questi, moltissimi erano gli hater, gli odiatori.

Hanno cominciato a insultarla.

Le hanno rivolto commenti tipo: balena spiaggiata, a te non serve la borsa, metti pure le tue cose tra le pieghe del tuo lardo, e ancora, aborto sociale, sei intrombabile, ti sei mangiata il tuo dietologo?, balla da qui all'eternità e forse due etti li perdi. E via dicendo.

Fabiola non aveva pensato che i suoi centodieci chili potessero suscitare tanto odio nel popolo della rete. Non aveva immaginato che il suo problema fosse un problema per gli altri. Prima di chiudere il suo profilo ha pubblicato solo una frase in bianco su uno sfondo nero: "Andatevene tutti affanculo!".

L'ha lasciata postata per tre giorni e poi si è cancellata dai social.

Questo gesto ha avuto un'eco incredibile. Fabiola è diventata il fenomeno di tutti i programmi di gossip. I presentatori delle varie trasmissioni le davano la caccia. I suoi video, che lei aveva cancellato insieme al suo profilo, ora giravano in loop in tutti i programmi televisivi.

Fabiola si è barricata in casa, un ennesimo lockdown.

Ha smesso di frequentare il corso di massaggiatrice.

Ha smesso di fare shopping e pure la spesa.

Si è messa su un divano con la televisione accesa h24.

Ogni sacrosanto giorno in video parlavano di lei.

Poi, un pomeriggio è suonato il campanello e la sua coinquilina, convinta di dover sfanculare l'ennesimo inviato della tv, si è trovata davanti questo ragazzone di colore che chiedeva di lei.

Ebo non parlò molto, le disse solo che murarsi in casa non era una soluzione. Le disse di prendere due cose e di seguirlo a casa sua a Torino, a seicento chilometri da lì.

Lei lo ha fatto.

Poco dopo Ebo ha deciso di trasferirsi a Milano per un corso di fotografia. Ha chiesto a Fabiola se voleva andare con lui.

Fabiola non aveva nulla da perdere, ma soprattutto Ebo era stata l'unica persona che negli ultimi anni le aveva regalato un pensiero, che le aveva insegnato una nuova lingua e che le aveva ridato fiducia nel prossimo.

In quel momento Ebo era il suo tutto e, qualsiasi futuro lo aspettasse, lei lo avrebbe condiviso.

Abbandono la reception e i monitor di sicurezza e mi precipito in sala da pranzo prima che Chantal faccia scoppiare una rissa con i nuovi arrivati. Non vorrei mai che scappassero a gambe levate, sarebbe un peccato perdere due tipi così per il mio diabolico piano: un nero più nero della pece e una obesa che parla a stento l'italiano, ma dove li ritrovo due perdenti così?

«Loro sono Ebo e Fabiola, i nuovi affittuari» li presento fissando Chantal come per farle capire: ATTENZIONE a cosa dici.

«Bene, dopo una favolosa trans, una vecchia alcolizzata

e un frocio ci mancava l'arrivo di Fiona con Shrek nero. Di certo, Luca, se continui così Asfaltilandia in poco tempo diventa la nuova sede di Amnesty International.»

Vedo che Ebo sta stringendo i pugni e lo sguardo della Carla mi fa intuire che anche lei lo ha notato.

«Ebo, Fabiola, benarrivati. Non fateci caso, Chantal abbaia ma non morde, è solo abituata a difendersi prima di essere attaccata. Sedetevi! Oggi riso e pollo al curry, e un Negroamaro del Salento. Luca, dai, rimani anche tu.»

Continua il pressing della Carla che non ha chiaramente capito che io non ho alcuna intenzione di mischiarmi con loro.

A volte penso che La Carla mi legga nel pensiero e abbia scoperto il mio piano. Una sorta di angelo infiltrato mandato per farmi perdere la battaglia.

E se fosse amica di mio padre?

Se fossi io quello cascato nella tela del ragno?

No, cara La Carla, sto sprecando tempo ed energie per compiere la mia missione e di certo non ti permetterò di decretare il mio fallimento.

Vuoi che ti assecondi? Bene.

Vuoi che finga di abboccare alle tue lenze seduttive?

Ok, lo faccio, zero problemi, a volte per vincere occorre allearsi con il nemico.

Non mi costa nulla fingere di interessarmi a te, a voi.

Tanto meno rispondere alle tue domande sul senso della vita e tutte quelle menate lì.

E poi, egoisticamente, quelle cene sembravano piacevoli.

A guardarle dai monitor si capiva che il vino era sempre di ottima qualità, per non parlare del cibo. La Carla iniziava dalla colazione a chiedere cosa volessero gli altri da mangiare.

Di giorno era tutto un viavai di fattorini che provenivano dalle macellerie, dai fruttivendoli, dai vinai; si fermavano in reception e chiedevano della signora Bonomi.

Più volte attraverso il monitor l'ho vista cucinare nel suo appartamento. Sfogliava un librone, una sorta di raccoglitore, poi, una volta scelta la ricetta, lo sistemava sul piano e si metteva all'opera. Ogni tanto faceva una telefonata, presumo alla sua domestica per avere delucidazioni in merito. A volte Teresa saliva sul tavolo per reclamare un assaggio, lei prendeva con le mani un pezzo di cibo e lo dava alla gatta che poco dopo tornava a raggomitolarsi sul divano.

Il risultato, dai monitor, sembrava impeccabile. Nulla di pomposo, ricette semplici ma estremamente curate.

Anche nella presentazione tutto era scelto con attenzione, dai piatti ai bicchieri e alle posate. Come centrotavola c'erano sempre dei fiori freschi, per lo più tulipani, girasoli e margherite, alcune volte anche composizioni fatte con ortaggi.

Alex era l'addetto alla *mise en place*, termine che ho imparato sempre dalla Carla e che indica tutto quello che serve per apparecchiare una tavola funzionale, ma al contempo bella e accogliente.

Alex prendeva appunti su un quadernino seguendo le minuziose istruzioni della Carla. E prima di cena si fiondava in sala da pranzo, appoggiava il quaderno aperto sulle indicazioni e cominciava una danza di piatti, bicchieri, posate, tovaglie.

Tra i momenti spiati ai monitor questo è uno dei miei preferiti.

Ogni tanto Alex faceva capolino dalla sala alla reception per chiedermi se ci fossero dei vasi, dei nastri colorati o altri oggetti per abbellire la tavola, e una volta ottenuto ciò che desiderava tornava in sala.

Poteva stare anche un'ora a fare una cosa che solitamente tutti facciamo in tre minuti.

Scivolava tra i tavoli e le sedie come se indossasse dei pattini.

Ogni tanto si fermava a guardare il lavoro svolto, cambiava angolazione, si fermava nuovamente a guardare e poi andava a correggere errori che nessuno avrebbe mai notato.

Quei momenti sono leggerezza pura, mi ricordano un vecchio programma che mi faceva sempre vedere mia madre da piccolo che si chiamava *Le comiche*. Erano delle scenette velocizzate in bianco e nero di sciagure o altri disastri che capitavano ai protagonisti, ma il tutto era avvolto da una particolare magia, molto leggera, legata alle musiche e alle immagini a velocità diversa: succedevano le peggio cose ma ciò che guardavi era allegro, arioso, divertente e io rimanevo con il naso all'insù per tutta la durata del programma.

Alex è così, un elfo meticoloso e scrupoloso che prende seriamente tutto ma lo fa sembrare leggero. Credo che metta in tutte le cose un impegno tale solo per poi sentirsi ripagato dalla gratitudine degli altri.

Alla fine di ogni cena La Carla lo ringrazia per come ha allestito la *mise en place* e in quel preciso momento il suo viso si trasforma, diventa rilassato e raggiante come il mio quando da piccolo mia madre mi dava un bacio inaspettato.

Tutte le volte che rientra nel suo appartamento la prima cosa che fa è levarsi le Adidas per riporle in una scarpiera vicino all'ingresso. Poi si toglie i jeans, li piega, li ripone nell'armadio e si infila una tuta. Accende la tv ma azzera il volume e chiede ad Alexa di leggergli un libro.

Osservarlo è rilassante, forse perché fa sempre le stesse cose con la stessa meticolosità e tu, nel guardarlo, ti senti al sicuro, sai che non farà mai niente di inaspettato, di sorprendente o di sbagliato... è lì in sottofondo ed è piacevole, ti culla.

E poi in quelle cene c'erano gli show gratuiti di Chantal, una psicolabile che pensava di vivere costantemente su un palcoscenico. Ogni sera si presentava con un vestito diverso, manco dovesse andare a ritirare un Grammy o un Golden Globe. Si alzava e si risedeva su quella sedia almeno dieci, quindici volte per cena. E ogni volta era una citazione di un film o una parodia di un'attrice o soubrette della tv o una finta lite con il povero Alex ricoprendolo di insulti e altre cattiverie, ma a guardarli da fuori, dai monitor, sembrano una vecchia coppia.

Ora l'arrivo dell'energumeno nero muto e della compagna in carne sicuramente avrebbe regalato allo spettacolo di quelle cene un guizzo in più.

«Ok, grazie La Carla, mi fermo molto volentieri.»

La mia prima volta

«Alex, come mai sono più di dieci minuti che non hai in mano il cellulare? Solitamente non ti stacchi mai da lui» chiede La Carla.

«È in depurazione digitale, ma non credo che tu ne capisca il significato» risponde Chantal.

«Sono vecchia ma non sono stupida, per usare una tua frase. Ebo, Fabiola, dovete sapere che Chantal ama deliziarci con le sue perle di saggezza. È una sorta di oracolo. La sua preferita è: "Sono trans non sono stupida". Comunque, a parte la digressione, Alex, spiegami questa cosa.»

«Ma no, nulla, ho riflettuto su quello che mi hai detto ieri sera mentre guardavamo la tv e credo tu abbia ragione, non si può vivere con il telefono in mano e usarlo come filtro della vita. Mi sono accorto che da qualche anno a questa parte vivo in simbiosi con lui, per esempio, se sto guardando un programma in tv, poi di fatto gli occhi li ho sul cellulare per leggere i commenti che riguardano quello stesso programma, su Twitter. È come se il programma esistesse solo grazie ai commenti sui social... per farmi capire, perché ci tengo a farvi capire cosa penso... è come se, per esempio... noi siamo qui a cena e stiamo vivendo questa situazione, ma è quasi più interessante sapere cosa dicono di noi gli altri, vedendoci.»

«ODDIO, mi sono persa! Non capisco e non so se perché

è la prima volta che esprimi un concetto profondo o perché sono scema io» dice Chantal.

La Carla ride di gusto e poi aggiunge: «Il succo credo di averlo capito e trovo che tu ne abbia dato una spiegazione ineccepibile, sei andato oltre lo schermo e hai riflettuto. Bravo, questo tuo pensiero mi ha arricchito, grazie Alex».

«A bbbelli, ce fate capi' pure a noi o ve dovemo lascia' soli?» interviene Fabiola, diventando tutta rossa e pentendosi all'istante della battuta.

«Siamo ormai un popolo di spioni: preferiamo spiare e giudicare la vita altrui piuttosto che vivere la nostra. Questo voleva dire Alex, vero?»

«Esattamente, Carla» fa Alex. «Se vedo una cosa che mi piace la devo fotografare subito, è come se esistesse solo se è memorizzata nella galleria foto. Hai ragione tu quando dici che prima dovrei guardare con i miei occhi, elaborare e poi rubare un ricordo. Non chiamo più le persone, mi limito a chattare su WhatsApp. Insomma, mi sto isolando sempre di più... e poi l'hai detto tu: almeno a tavola basta cellulari.»

Alla Carla si inumidiscono gli occhi.

«Oddio, fermi tutti che la vecchia piange.»

«Non piango, Chantal, mi sono solo piacevolmente commossa. Alex, non sai quanto mi faccia piacere quello che hai detto, era tanto tempo che non mi sentivo più ascoltata e in questo caso, passami il termine, ubbidita. Sono contenta che oltre a cucinare posso far riflettere qualcuno di voi... non sapete che regalo» dice, voltandosi verso Chantal.

«Ehi, diva, scendi dal cubo e rifai la fila, ripeto sono trans ma non stupida quindi sappi che malgrado tu sia una vecchia hippy ricca e alcolizzata io ascolto sempre e con estrema attenzione quello che dici» commenta Chantal.

«Adesso piantala altrimenti piango sul serio, comunque perdonatemi ma ora questa vecchia alcolizzata vuole fare un brindisi, prendete il bicchiere e alzatevi.»

Tutti in contemporanea ci alziamo con il bicchiere in mano.

E io mi ritrovo lì in piedi con il bicchiere in aria con gente che fino a poco prima mi era completamente sconosciuta e indifferente.

«Volevo ringraziare ciascuno di voi, anche i nuovi arrivati che ancora non conosco. Grazie per i piacevoli momenti che mi state regalando. Fino a poco tempo fa pensavo che i miei ricordi fossero giunti al limite. Che non ne avrei più avuti altri, e invece... grazie.»

A 'sto giro è Chantal a commuoversi e Alex lo fa subito notare al gruppo.

Chantal prende il tacco 12 spezzato, che era rimasto sul tavolo, e con gli occhi ancora visibilmente umidi si trasforma in Linda Blair.

«Senti, succhiaBIP, lo vedi questo? Ora mi alzo e te lo pianto in faccia, così la prossima volta che devi lavarti i denti dovrai ficcarti lo spazzolino direttamente nel... SIAMO A TAVOLA, QUINDI HAI CAPITO DOVE.»

Ebo e Fabiola ridono per la prima volta.

Il cervello mi riparte da solo e una volta che tutti si sono riaccomodati dico: «Facciamo un gioco, è semplice: ciascuno di voi dovrà rispondere a due domande. La prima: di cosa ti vorresti liberare, nella tua vita intendo. La seconda: la cosa che desideri di più. Chi vuole iniziare?».

«Be', hai proposto il gioco, inizia tu» risponde La Carla.

«Sei furba, Carla, ma è giusto, ci sta. Allora vediamo. Vorrei liberarmi di questo senso di precarietà. Vorrei essere più padrone della mia vita e deciderne i contorni... Oddio, mi sono appena ascoltato, vi assicuro che quello che ha proposto questo gioco non sono io. A me non è mai fregato nulla di 'ste menate sul chi sei, dove vai, che fai eccetera, ma soprattutto le storie sulle vite altrui mi hanno sempre annoiato. Il mio motto è sempre stato: io esisto e, se devi esserci anche tu, stammi distante.»

«Aspetta, aspetta» dice Chantal, che mette le mani nella sua Birkin, prende il cellulare e comincia a spippolare.

«Lo so, Carla, niente cellulari a tavola, ma è importante, aspettate, ecco» digita qualcosa e fa partire *Un senso* di Vasco.

Rimaniamo tutti in religioso silenzio ad ascoltare quella voce sporca e roca.

«Stavo pensando esattamente a questa canzone ma mi sentivo un deficiente a citarla» dico. E l'idea che una trans abbia tradotto in musica il mio stato d'animo mi fa partire un brivido dietro, sulla schiena, che mi accappona la pelle.

«Perché è trans, non stupida» dice Fabiola, e per un attimo ho pensato che avesse ascoltato i miei pensieri.

Scoppiamo tutti a ridere.

«Manca il desiderio, Luca» dice La Carla.

«Quello non ce l'ho ancora, ma ci sto lavorando, diciamo che lo sto mettendo a fuoco. Ebo, tocca a te» dico velocemente, per uscire dall'imbarazzo.

«Devo proprio?»

Silenzio.

«A lui non piace molto parla', ma non pe' voi, cioè, nel senso che, insomma, lui non ha nulla contro de voi, è che...» Fabiola cerca di giustificare il comportamento di Ebo.

Lui posa una mano sul braccio di Fabiola come per dire: "Non preoccuparti, va tutto bene".

Guardo questa coppia improbabile, lui è un ragazzone di quasi due metri, con la pelle nera e tesa come il cuoio. Di bianco ha solo gli occhi e i denti e una conchiglia che ha appeso al collo con un cordoncino. Ha delle braccia lunghissime che quando cammina tiene ferme lungo i fianchi e lo fanno sembrare ancora più alto.

Lei sarà più o meno un metro e sessanta. Ha le braccia come quelle dei neonati, con quelle pieghe di ciccia come se avesse degli elastici color carne che le stringono i polsi. Il corpo nascosto da un camicione che le arriva fino ai piedi e lascia scoperte solo le caviglie, anch'esse strette da elastici.

Il viso nei dettagli è bello e armonico: occhi grandi marroni da cerbiatto, ciglia folte, una bocca ben disegnata e un naso forse un po' piccolo, ma l'effetto finale è come se il viso fosse stato gonfiato con una pompa da bicicletta.

Lui prima di parlare pensa e sceglie con cura quali termini usare, lei al contrario parla sempre con la pancia e poi ascoltandosi cerca di correggersi con la testa, ma a quel punto si accartoccia sempre.

«Non sono bravo come voi» attacca Ebo. «Le parole fanno fatica a uscire. Si compongono nella mente ma poi svaniscono. Ho smesso da un po' di farmi domande. Vi posso dire però che quello che cancellerei coincide con quello che vorrei. Vorrei che la gente non mi guardasse più, non mi parlasse più. Vorrei essere invisibile agli occhi degli altri. Vorrei tranquillamente vivere senza sentirmi sempre un dito puntato contro. Tutto qua, ho finito. Ah, il sogno... anche a me piacerebbe avere una famiglia e mi piacerebbe avere un lavoro da poter fare a casa.»

«Smartworking!!!» dice Chantal.

«Veramente pensavo a qualcos'altro... ma non ci sei andata lontano. Questi vari lockdown io li ho passati benissimo... in casa avevo tutto quello che mi serviva, Fabiola, i suoi massaggi, uno alla mattina e uno alla sera prima di addormentarci, avevo la mia macchina fotografica e il mio computer... la vera battaglia per me è là fuori.»

Silenzio.

Poi La Carla prende la parola e chiede a Fabiola: «Vi amate tanto?».

«E come se fa' a non ama' chi ti accetta pe' quello che sei?»

Alex alza la mano, manco fossimo a scuola.

«Io, io! Tocca a me.»

«Ehi, frena, che cos'è tutto questo entusiasmo, non sei mica a un concerto di Britney Spears a Las Vegas» dice Chantal.

«Fottiti!!! Fatemelo dire ora altrimenti chissà quando ritrovo il coraggio. Allora, io vorrei liberarmi del mio senso di inadeguatezza. È una vita che lotto con il pregiudizio. È una vita che mi nascondo cercando di essere il numero uno. In tutte le cose che faccio. Non mi dispiace esserlo, ma mi dispiace il motivo per cui lo faccio. Credo sia perché fondamentalmente mi sento in difetto. Lo so, vi sembrerà strano quello che dico, vi starete chiedendo ma come fa a dire che si nasconde e si sente inadeguato se sbandiera a tutti la propria sessualità e lavora per un'associazione che lotta per i diritti della comunità Lgbt? Se è sempre in prima linea a tutti i gay pride? Semplice, lì sono protetto, sono con quelli come me, in un mondo a parte. Invece fuori, nella vita normale, ho l'ansia da prestazione. Quando devo parlare penso alla cosa che mi faccia sembrare più intelligente. Inizio uno sport? Devo essere il più bravo del corso. Vado a un compleanno? Il mio regalo deve stupire tutti. È un po' come se mi dicessi ok, sei frocio, ma sei anche il più bravo a fare questo e quello, anzi no, boh, non so, forse è il contrario, cioè è come se volessi che gli altri possano dire di me: "be', è frocio ma è comunque uno che vale".»

«Posso farti una domanda?» chiede La Carla.

«Certo.»

«Hai detto che ti senti protetto nel tuo mondo mentre in quello normale... Hai usato la parola normale per definire chi non è gay. Quindi tu non ti senti normale? Ti vergogni di essere gay? O meglio, riformulo la domanda: vorresti essere eterosessuale?»

«Sinceramente? Credo di sì e mentre lo dico mi vergogno, ma l'ho pensato molte volte... credo che se fossi stato etero... be', tutto sarebbe risultato più semplice.»

Chantal con un tacco sì e uno no si alza in piedi.

«EH NO, PORCOCAZZO!!! Non lo accetto, scusa Alex ma non ci sto, proprio da te che sei un attivista! Capisco cosa intenda la vecchia e accetterei anche se Luca la pensasse allo stesso modo. Ma tu, io, Ebo non possiamo permetterci di sentirci inferiori. Inferiori rispetto a cosa? A chi? Tu non hai scelto di essere gay come io non ho scelto di essere trans ed Ebo nero. È successo, punto. E siccome è successo dobbiamo accettare di essere inferiori? Ora rispondete voi: chi ha deciso un giorno che i gay, o le trans, le lesbiche o i neri valessero meno degli altri? E su quali basi? Questa cosa mi ricorda un omino pelato brutto e nano che un giorno ha urlato "c'è solo una razza!". Ho i brividi solo a pensarlo. Qualcuno una volta per tutte può dirmi che colpa ho a essere una trans? Siamo nati così, come uno nasce biondo o moro. A te non piacciono le donne perché con loro non ti tira il pisello e invece ti tira con gli uomini. E allora? Chi se ne fotte! La Esselunga non ti regala più punti fragola se sei etero o cattolico o buddhista. Non ti piacciono le donne, e allora? Stai commettendo un reato? Sei uno che froda lo Stato? Stai rubando a casa di qualcuno? La tua libertà mina per caso la libertà altrui? Cazzo, no, no e poi no! Se tu per primo ti declassi è finita. Fai prima a richiedere un suicidio assistito in Svizzera.»

«No, Chantal, capisco la provocazione, ma non possiamo minimamente scherzare su queste cose» incalza La Carla.

«Scherzareee??? Io non sto assolutamente scherzando. Ascoltami, lady signora del centro ex soubrette di avanspettacolo, non ti permetto di farmi le pulci su quello che dico. Che ne sai tu di come ci si senta a essere derisa, insultata, usata e abusata da tutta una vita? Vuoi che scenda nei particolari? Vuoi che ti vada di traverso questo pollo al curry e il tuo Negroamaro zappa la terra o la notte o quello che è? Ti risparmio i particolari più cruenti e schifosi e Dio solo sa quanti ne avrei da raccontare. Ti basti pensare che, a differenza tua, io non ho avuto né un'infanzia né un'adolescenza. Vuoi sapere qual è la differenza tra te e me? Forse mentre tu decidevi quale fiocco indossare al tuo primo giorno di scuola io al mio ero chiusa nello sgabuzzino delle scope per evitare che mio padre mi trovasse e mi ammazzasse di botte perché per gioco indossavo le scarpe della mamma. Forse, mentre tu celebravi con una festa favolosa i tuoi diciott'anni, io lo stesso compleanno l'ho passato a piangere su un fetido divano con una merendina Fiesta con sopra una candelina già usata mentre la mia amica trans, che mi ospitava, si scopava il terzo cliente ripugnante della giornata. Che ne sai tu di cosa vuol dire non avere più una famiglia? E non sto parlando dei tuoi figli che ogni tanto si dimenticano di venirti a trovare o di farti gli auguri. Io sono ormai anni che non ho nessun rapporto con i miei genitori. Sai cosa mi ha detto mio padre il 2 marzo del 2009? Tu per me sei morto. Ha detto morto, usando il maschile. Nemmeno in quel momento ha voluto riconoscere la mia vera identità. Ora mi dici cosa ho fatto? Te lo dico io, ho semplicemente assecondato la mia natura. Ho scelto di vivere. Ho scelto di non fingere. E se dei genitori che ti hanno voluto e fatto nascere non capiscono questa cosa, allora basta. Sai che sarai sempre sola.»

Chantal si nasconde dietro a degli occhiali scuri a fascia, fa una breve pausa e poi ricomincia a parlare con un tono più calmo.

«Ripeto, se la tua famiglia non riesce a capirlo, come pensi sia possibile che lo capiscano tutti gli altri? Se dalla tua famiglia non ricevi né amore né comprensione come puoi aspettarteli dagli altri? Perché dovrebbero farlo, gli altri? Dimmelo! Pensi sia facile per me ricordarmi questa cosa ogni fottutissimo giorno? Eppure mi sveglio, mi trucco e vado avanti e porto il mio culo là fuori perché è quello che posso e devo fare. Ed è qui che occorre essere decisi, determinati.»

Chantal ruota di centottanta gradi.

«Tornando a noi, Alex, è qui che si gioca la partita. Quando hai questa consapevolezza ti rimangono solo due scelte. Credo che, come esiste un diritto alla vita, debba esserci un diritto alla morte. Io ci penso tutti i giorni e non perché sia una pessimista, ma semplicemente perché ogni giorno devo lottare con chi non mi vuole su questa faccia della Terra. Io ogni giorno li sento gli sguardi, gli insulti della gente. Ho solo imparato a fingere di fregarmene. Alcuni giorni ci riesco bene, altri meno. E sono quelli i giorni più terribili, dove rimango tappata in casa con i miei pensieri che mi sfondano il cervello e, ti assicuro, non ce n'è uno positivo. Ed è proprio in questi giorni che accarezzo l'idea che la morte potrebbe essere una soluzione.»

Chantal ruota nuovamente il corpo di centottanta gradi.

«E pensandolo, cara la mia Carla, non mi sento né una vigliacca né una perdente, ma semplicemente una persona che è alla ricerca di un po' di pace per mettere fine alle sue sofferenze e regalarsi una dignità. Tornando a noi, Luca, e al tuo giochino... sì, ecco cosa vorrei per me, dignità. Ora ditemi se sbaglio.»

Il silenzio avvolge la stanza. Tutti guardano in direzioni diverse con gli occhi persi nel vuoto.

Ognuno pensa alla propria vita.

E sorprendentemente mi passa per la testa un pensiero che credevo di non essere in grado di formulare: "Di fronte al dolore siamo tutti uguali".

Fabiola rompe il silenzio e fa ad Alex: «Ahó, manca il desiderio».

Chantal si leva gli occhiali neri a fascia.

Il rimmel si è spappolato e la fa sembrare un panda in via d'estinzione.

«Allora, innanzitutto voglio dire a Chantal che concordo su tutto quello che ha detto... hai perfettamente ragione... ma io non ho il tuo stesso coraggio, io non ho la tua forza e la tua lucidità... lo so che sbaglio ma per ora è più forte di me... chissà, forse un giorno anche io avrò le palle per dire le tue stesse cose... per quanto riguarda il desiderio... be', credo sia il più banale del mondo, anche in questo non spicco: un compagno, una casa, il lavoro, la salute e una vicina di casa come Chantal» dice Alex.

I due si avvicinano e si stringono in un abbraccio ma Chantal, come al solito, rovina l'happy ending.

«Ti sta venendo duro o è il cellulare?»

Vedo nero

La mia prima cena con il gruppo è andata.

Diciamo che ne sono uscito indenne e tutto sommato è stato piacevole passare del tempo con degli sconosciuti che da stamattina comincio stranamente a guardare con occhi diversi.

Chantal è uscita prestissimo.

È passata mentre ero in reception e al mio saluto ha risposto: «Buongiorno un cazzo… e poi io non ti ho salutato, quindi, regola numero uno, se io non ti rivolgo la parola tu cerca di fare altrettanto, CHIAROOO?».

E ha inforcato l'uscita regalandomi il dito medio alzato.

Ma ormai agli sbalzi di umore di questa pazza isterica ci sono abituato.

Poco dopo è passato anche Alex che mi ha chiesto se fosse già uscita Chantal.

«Sì, un quarto d'ora fa ed era di un umore intrattabile» rispondo.

«Immagino… ma stanotte non l'hai sentita?»

«No, cosa è successo?» chiedo.

«Erano circa le due e ha cominciato a urlare come una pazza furiosa al cellulare, poi finalmente si è calmata e ho creduto che il tornado fosse passato, e invece poco dopo ho iniziato a sentire un rumore di oggetti che si infrangevano sulle pareti accompagnato da urla strazianti. A quel punto mi sono precipitato da lei e l'ho trovata seduta sul pavimento con un aspetto orribile e tutto intorno solo il caos. Ho aspettato che si calmasse, mi sono fatto forza e sono rimasto lì anche se lei, urlandomi le peggio cose, mi ordinava di uscire e di sparire dalla sua vista. Ti dico solo che a un certo punto ha cominciato a tirare schiaffi e pugni anche a me.»

«E tu come hai trovato la forza per rimanere lì?»

«Non so... ma per me è normale prendermi tutti quegli insulti, ormai ho una tecnica infallibile... è come se mi sdoppiassi... è come se un altro Alex uscisse dal mio corpo e rimanesse lì vicino a me e mi ordinasse di stare calmo, di non ascoltare, di non guardare ma di stare immobile perché fra un po' tutto passa, tutto si normalizza, e quasi sempre succede così... a volte bisogna solo aspettare, il segreto sta nel resistere.»

«Ammazza, sei zen, io non ci riuscirei mai, mi partirebbe subito la capoccia... e poi cosa è successo?»

«Poi finalmente si è calmata, ha cominciato a piangere a dirotto e tra i singhiozzi mi ha raccontato che il tipo sposato con il quale usciva da qualche mese le ha mandato un vocale nel quale diceva che non la voleva più vedere, che un'amica della moglie li aveva visti uscire da un negozio e salire sulla macchina di lui. Lei a quel punto ha cominciato ininterrottamente a chiamarlo sul cellulare e quando lui ha spento il telefono lei ha chiamato ininterrottamente su quello di casa. La moglie a quel punto ha risposto e Chantal le ha raccontato tutto. Non si è limitata a presentarsi, ma ha raccontato per filo e per segno tutte le volte che aveva incontrato il marito, scendendo anche nei particolari più intimi. La moglie ha chiuso la telefonata dicendo che avrebbe chiamato i carabinieri.»

«Be', era inevitabile, no?»

«In che senso?»

«Se io scoprissi che il marito di una mia amica esce con una trans... be', credo che anche io farei la stessa cosa, no? Andrei a spifferarlo.»

«Posso farti una domanda?» mi chiede Alex.

«Certo, spara.»

«Faresti la stessa cosa anche se il marito della tua amica uscisse con una collega del lavoro?»

«Ma no, che c'entra, quello è diverso, insomma, può capitare, no?»

«Diverso da cosa e da chi? Forse è a questa domanda che dovresti rispondere... buona giornata, Luca.»

E anche Alex esce lasciandomi lì, solo tra i miei pensieri.

Per tutto il giorno, chiunque passi dalla reception non fa altro che parlarmi di Chantal e della sua crisi notturna. Io tutto 'sto problema non lo vedo e francamente mi sembra esagerata questa attenzione spasmodica nei confronti del capriccio di una trans viziata.

Chantal rientra nel tardo pomeriggio.

Dai monitor la spio che cerca di mettere in ordine la sua stanza dopo lo tsunami di stanotte. Ma per ogni oggetto che ripone al suo posto altri due o tre vengono nuovamente scagliati sulle pareti.

Poi si mette a provare vestiti e scarpe per un'ora buona.

Ora sono tutti in sala da pranzo per la consueta cena, ma si intuisce che l'atmosfera non è delle migliori. E infatti...

MONITOR SALA DA PRANZO

Chantal si alza bruscamente, prende con le mani la tovaglia e la fa sventolare come un lenzuolo che deve essere steso sul letto.

Bicchieri, pane e bottiglie volano per la stanza.

«Futuro, futuro... Basta con questa cazzo di parola! Ma dove pensate di andare? Ma chi vi credete di essere? Pensate per caso di essere speciali? Adesso basta, eccheccazzo! Ma avete capito che non siamo al Grand Hotel o in un residence a 5 stelle? Ma certo, ecco cos'è... poracci... siete convinti di essere in una di quelle serie televisive americane dove degli sconosciuti fingono di vivere insieme felici e contenti? Come si chiama, Alex, quella serie televisiva di voi froci, quella specie di comune a San Francisco con la vecchia?»

Silenzio.

«Ma sì, che cretina, dovevo accorgermene prima, ma certo, perché voi credete alle serie e non alla realtà, la realtà in America si chiama Floyd, e in Italia si chiama Willy, si chiama Maria Paola Gaglione, oppure si chiama Diamonds, Elektra, Bianka, Bambula e molti altri nomi che voi manco conoscete perché non meritano di finire sui giornali, al tg, ma si meritano invece di morire in strada solo perché transessuali... come me!»

Silenzio.

Chantal sembra ritrovare una calma apparente e torna a sedersi sulla sedia aprendo lo spacco laterale della gonna sulla coscia.

«Avete capito che per tutti noi stare qui è un ripiego? Nessuno là fuori pensa a un futuro con noi. Adesso chiedetevi come mai non avete una casa, una famiglia degli amici.»

Chantal si rialza in piedi, punta il tacco 12 e ruota il corpo nella direzione della Carla.

«Dove sono i tuoi figli plurilaureati? Da quanto non li vedi? E i tuoi tanto adorati nipoti? Pensavi bastasse una specie di vacanza in una sorta di comune di disadattati per sentirti ancora viva? Pensavi bastasse raccontare tre fregnacce sul tuo passato per incantarci tutti come serpenti a sonagli? Che cazzo ha voluto dire avere tutti i soldi che hai tu? Ti sei comprata la felicità? No, mia cara, con o senza soldi rimani solo una povera vecchia, sepolta in questa terra del nulla.»

Silenzio.

Chantal molla lo sguardo della Carla e comincia a camminare intorno ai commensali.

«Da quanto siamo qui, un mese? Un mese e mezzo? Vi siete chiesti come mai in questo lurido hotel, ah no!, scusate, condhotel, ci siamo solo noi? Avete mai visto entrare, anche solo per sbaglio, uno diverso da noi? Guardate fuori dalle finestre, che minchia vedete?»

Silenzio.

Chantal trascina teatralmente il suo corpo verso le finestrone della sala da pranzo e di spalle continua il monologo.

«Be'? Nessuno parla? Mi fate ridere... anzi no, non c'è nulla da ridere, sono gli altri che ridono di noi, quando ci va bene. Se ci va male ci insultano e ci aggrediscono. Vi ho chiesto cosa vedete fuori dalle finestre...»

Silenzio.

Si gira di tre quarti e spara lo sguardo su Alex.

«Vuoi dirmelo tu, Alex? Anziché continuare a riprendere con quel cellulare?»

Silenzio.

«O forse vuoi dirmelo tu, Ebo, o speri ancora che magicamente la tua pelle color pece un giorno si schiarisca come quella di Michael Jackson? O tu, Fabiola, speri ancora che basti fare il giro dell'hotel due volte al giorno per perdere chili?»

Silenzio.

«Ok, allora ve lo dico io. Io non vedo nessun giardino, nessun cane con la sua cuccia, nessuna altalena, nessun filo d'erba nel raggio di chilometri. Sentite per caso il vociare dei bimbi in strada? Vedete un panettiere, un negozio di alimentari o una farmacia? Non vedo un garage e nemmeno delle bicilette. Le strisce pedonali? Non vanno più di moda o cosa?»

Chantal, con i palmi delle mani sul vetro, fa dei saltini microscopici sui tacchi, rimanendo sul posto.

«Io qui non ne vedo... E cosa vuol dire? Che nessuno deve attraversarle, perché nessuno ha bisogno di attraversarle! Secondo voi cosa vuol dire tutto questo? Ve lo dico io, qui non vive nessuno nel raggio di chilometri.»

Silenzio.

«Siamo dimenticati qui. Relegati qui. E lo abbiamo scelto noi. Peggio, ci siamo illusi che venendo qua la nostra vita sarebbe cambiata.»

Chantal si gira di nuovo verso i commensali e toccandosi le finte perle che ha al collo cerca lo sguardo di ognuno.

«La famiglia o la si ha o la si sceglie. Noi non ci siamo scelti. Abbiamo solo creduto che unendo le nostre disperazioni ci saremmo sentiti meno soli, amati, voluti. Ci siamo chiusi in una bolla e fluttuiamo in mezzo a vite altrui che non ci vogliono. Che tristezza. Abbiamo smesso di combattere e abbiamo codardamente scelto di sparire. Ci sentiamo colpevoli solo per aver scelto di essere quello che siamo. Ma non lo abbiamo fatto fino in fondo, siamo stati disonesti con noi stessi. Ogni singola mattina ci siamo svegliati raccontandoci una favola, che anche noi avremmo trovato il nostro posto al sole. Che anche noi avremmo avuto una vita normale. Bugiardi, bugiardi, siamo una massa di bugiardi sfigati. Ci siamo inventati un mondo parallelo dove fingiamo di vivere, ma la vita è lontana anni luce da qui, da noi.»

Chantal dà le spalle ai commensali e aprendosi entrambi gli spacchi del vestito rosso Valentino ancheggia verso l'uscita che manco Naomi nel periodo d'oro, ma improvvisamente si volta di scatto e si rivolge a Fabiola.

«Puoi pure tornare a spiluccare la tua insalata o il tuo light brunch, tanto lo sappiamo tutti che fra meno di un'ora sarai chiusa come ogni sera nella tua stanza a ingozzarti con la bocca nel frigo e un occhio su quei cazzo di programmi che raccontano le vite altrui, perché tanto della tua vita non frega un beato cazzo a nessuno, ah no, scusa, è vero, per due minuti la tua vita è stata famosa, sarai per sempre ricordata come l'obesa del web che si pensava J.Lo.»

A un tratto nel silenzio che si è venuto a creare si sente il suono stridulo di una sedia che gratta il pavimento.

Questa volta è La Carla ad alzarsi.

«Senti cosa, coso o quello che preferisci essere, quello che mi è piaciuto di questo bel teatrino è che ti sento finalmente determinata, anche se non credo dipenda da te, semmai dalla bottiglia di vino che ti sei bevuta praticamente da sola. Un Piastraia del 2017, un ottimo vino senza ombra di dubbio, che a me è costato più di trenta euro e che sicuramente ha sortito il suo effetto. Per quanto concerne le parole e i concetti usati o, per dirla alla tua maniera, le "minchiate" che hai vomitato a vanvera, peraltro con una pessima recitazione, voglio dirti un paio di cosette: io so perfettamente di essere una povera vecchia. So che i miei soldi non mi hanno salvato e so anche che i miei figli non mi amano quanto io amo loro, ma qui il problema non sono io. Ormai la mia vita l'ho vissuta e proprio per questo, sempre come dici tu, posso permettermi una vacanza tra voi sfigati. Cara Chantal, so di essere a un passo dalla tomba e quindi affronto con estrema serenità tutto quello che sta arrivando in più. Ripeto, il problema non è mio. Tu sei a un bivio: puoi startene qui a dare continuamente la colpa a tutti noi, puoi cercare di scappare dalla sofferenza e dalla paura, dal senso di vuoto che hai mascherato con l'opinione che gli altri hanno di te, oppure puoi ambire a un po' di tranquillità facendo i conti con te stessa. Il consiglio di una povera vecchia è quello di parlare a te stessa con la stessa determinazione e la stessa onestà con la quale hai parlato a noi. È molto banale quello che ti dico, ma da una povera vecchia ci si aspettano solo banalità. Chantal, guardati dentro, guardati fuori e guardati intorno, e ti voglio dire un'altra cosa, casa è dove ci sente a casa, punto.»

La Carla fa come per sedersi ma a mezz'aria decide di rialzarsi, fa leva sulle gambe, appoggia le mani alla tavola e, cambiando tono, dice: «Ah no, un'ultima cosa, magari da domani smettila di venire a cena vestita come se dovessimo fare il conto alla rovescia, alzando i calici come se fosse Capodanno. Chantal, ascolta una vecchia, leva, togli, non aggiungere e vedrai che così facendo alla verità ci arriverai prima. Liberati del superfluo e vai dritta alle cose».

Chantal non risponde, si limita a lasciare la sala.

Alex fa per seguirla.

«Alex, no, non andare, ti prego. Credo abbia bisogno di stare da sola e non le farà male pensare un po'. Lo so che tu lo fai perché sei buono e gentile e pronto ad aiutare tutti. Ma, ti assicuro, nella vita ci sono momenti dove occorre stare soli con i propri pensieri, ascoltarli. Ormai un po' credo di conoscerti, tu andresti a tenerle la mano e a dirle quanto sia splendida e giusta... tutte cose che credo siano vere, ma non ora. Ora le serve silenzio.»

Alex, senza dire nulla, con la testa bassa, comincia a sparecchiare la tavola.

Monitor

Oggi pomeriggio in casa ci sono solo La Carla, Ebo e Fabiola.

La Carla è sul divano con Teresa, intenta a fare un cruciverba mentre bolle qualcosa sulle piastre.

A un certo punto succede una cosa strana.

La Carla abbassa il cruciverba e guarda dritto in camera per pochi secondi.

Sicuramente una coincidenza, ma per un attimo penso davvero che mi veda, perché non ha lo sguardo tipico di chi è assorto nei pensieri.

Swiccio immediatamente su Ebo e Fabiola. Lui è seduto con il viso rivolto alla telecamera e lei dietro, intenta a fargli un massaggio sulle spalle. Ormai sono diventato un mago del labiale e riesco anche a capire senza le cuffie.

Noto appunto dal labiale che pronunciavano spesso il mio nome.

Inforco le cuffie, attivo l'audio e sento perfettamente questo dialogo.

«In che senso? Nun capisco... sta' morbido con le spalle» dice Fabiola.

«Che è strano, poi forse pure ci sta, lui è il proprietario e quindi è qui per lavoro... ci sta che sia un po' più guardingo, distaccato... sì sì, lì e anche più sotto...»

«Sì, ma un conto è guardingo, come dici tu, distaccato, un conto di'... che te puzza.»

«A Fabi', non so... c'è qualcosa che non mi torna, ma forse mi sbaglio... però posso dire che in questo gruppo siamo un po' tutti dei fenomeni... o no?»

«Alza il braccio... un po' c'hai ragione, siamo un po' tutti particolari, pare de sta' in quella serie che guardavamo a Torino... com'è? con Jessica Lange... quella de quella casa dove ce stavano tutte quelle con dei poteri... *History of America*.»

«*American Horror Story*, scema... appunto, vedi che vieni al mio discorso?»

«Sì, quella... però a me sembrano brave persone... me sembrano tanto carini... poi quella nonnina tanto in gamba... quella je dà una pista a tutti... e pure Chantal me fa taglia' dalle risate... e il piccoletto poi deve esse un amore, tanto carino e educato, forse un po' frescone ma bbbuono, no?»

D'istinto levo le cuffie e spengo i monitor.

È come ricevere uno schiaffo.

Eppure credevo di essere stato attento a non far trapelare nulla. Ma forse il problema è proprio questo, forse ho fatto più del dovuto.

Giulia

Mi chiama La Carla allarmata, dice che non trova più Teresa, la sua gatta.

«Vieni pure» dice la voce al di là della porta dopo che ho bussato.

L'appartamento è in perfetto ordine, nell'aria c'è odore di lavanda. I colori all'interno giocano con toni chiari, beige, bianco e qualche tocco più acceso. Alla parete una gigantografia in bianco e nero di una ragazza che assomiglia molto alla Carla.

«Sua figlia?» chiedo.

«Sai cosa mi meraviglia? Che voi giovani non sapete contestualizzare. No, quella sono io, una vita fa. Può sembrarti strano ma anche io sono stata giovane. È una foto che mi è stata scattata durante una pièce teatrale. Non c'era ancora il colore. Sì, per un breve periodo ho fatto l'attrice, e a detta di molti ero bravina. Ho vinto anche dei premi e per qualche anno sono stata anche famosa. A casa mi chiamavano "La Diva". Qui ero Lucrezia, moglie dello sciocco Nicia. Recitavo la *Mandragola* di Machiavelli. Il teatro è una cosa meravigliosa... ora voi avete Netflix, Sky, Rai, Mediaset e quelle altre centinaia di canali tutti uguali. Che senso ha averne così tanti se poi si assomigliano tutti? Comunque veniamo a noi, è da un po' che non vedo Teresa e siccome io non sono ancora uscita e nessuno è entrato, dubito fortemente che possa essere in un luogo diverso da questo.»

«Aspetti un attimo, credo di sapere dove possa essere» le dico uscendo.

L'appartamento della Carla confina con un locale tecnico, e infatti è lì che trovo Teresa a dormicchiare dentro uno scatolone ancora pieno di quelle bolle di plastica che si fanno scoppiare con la pressione delle dita.

La sollevo e lei rimane inerte con le zampe a penzoloni. Mi guarda solo come per dirmi "ma perché non ti fai i cazzi tuoi?".

Rientro nell'appartamento.

«Eccola, dormiva beata in uno scatolone nel locale qui a fianco.»

«Ma come è possibile, ripeto, nessuno è entrato o uscito...»

«Semplice, venga con me.»

La porto all'armadio, apro l'anta e le faccio notare che nell'angolo a destra c'è un buco dal quale sicuramente Teresa si è infilata per poi ritrovarsi nel locale a fianco.

«Sapevo che c'era questo piccolo foro, è rimasto dai lavori di ristrutturazione. Mi scuso per l'inconveniente, avevo già in testa di ripararlo, lo farò il prima possibile. Nel frattempo lei stia attenta quando apre l'armadio.»

«Mi stavo facendo una tazza di tè, la vuoi anche tu, Luca?»

Credo che siano passati almeno vent'anni dall'ultima volta che ho bevuto un tè e francamente non ne sento la mancanza, ma la signora Carla esercita un particolare fascino su di me, mi rimanda un senso di pace, di benessere, e quindi dico sì.

È strano per me, è una sensazione nuova. Percepisco che La Carla è interessata a scoprire cosa c'è dietro la maschera che indosso ma non ne capisco il motivo.

Solitamente chi mi rivolge più domande personali si scontra con la mia rinomata "simpatia" che solitamente manifesto chiudendomi a riccio e scappando a gambe levate.

Con lei no, non l'avverto mai come invadente, ma soprattutto mi succede una cosa strana: tutte le volte che mi chiede qualcosa capisco che il mio interlocutore, quello a cui devo dare la mia risposta, non è lei ma io medesimo.

È come se lei mi facesse delle domande affinché solo io possa sentire le risposte.

Davanti a lei mi sento nudo, ma non provo imbarazzo. È una sensazione nuova, e mi domando come io possa essere meritevole di attenzione da parte di questa signora.

«Anche mia nonna aveva un servizio simile, me lo ricordo, lo tirava fuori alle feste comandate.»

«Limoges?» mi chiede.

«No, no, va bene così e senza zucchero» rispondo.

La Carla si mette a ridere. «Ho detto Limoges, non limone, è un tipo di porcellana che prende il nome proprio dalla città francese in cui si produce, ma non preoccuparti. Luca, posso farti una domanda? Ma tu che ci fai qui? Sei l'unico che non ce lo ha raccontato...»

«Be', io ci lavoro...» provo a eludere la domanda.

«Certo, questo lo so, ma quello che volevo dirti è che non occorre una laurea in psicologia per capire che con te questo lavoro non c'entra nulla, insomma è un po' come se Chantal lavorasse, che ne so, in posta, al catasto o alla biblioteca dell'Istituto delle Orsoline. Ascoltami bene, non sto dicendo che ci sono lavori di prestigio e altri no, sto solo dicendo che ogni lavoro si porta dietro una storia, una cultura propria. Il lavoro dell'hotelleria ha una tradizione ben precisa, che si esprime con l'approccio manierato al cliente, con un modo di vestire, di gesticolare, parlare... e poi francamente uno che lavora in un hotel forse dovrebbe sapere cosa sia Limoges. Non fraintendermi, non ti sto giudicando, sono anni che non lo faccio più, ma è evidente che tu qui sia un pesce fuor d'acqua.»

Quella donna ha il potere non solo di farmi riflettere, ma quando mi parla mi sento come se fossi sotto l'effetto del Pentothal, quel farmaco che usava spesso Diabolik per far dire la verità ai suoi malcapitati.

E questa sensazione non è del tutto piacevole.

«È così evidente?» balbetto, imbarazzato.

«Tranquillo, se non ne vuoi parlare ti capisco, la mia è semplice curiosità. È che mi suona strano, mi sembri un ragazzo intelligente, forse un po' indolente, ma dietro a quel velo di noia, diciamo, intravedo un animo gentile, curioso, con un forte potenziale che forse non ha ancora trovato la maniera di esprimersi. Alla mia età la cosa che più mi colpisce è vedere così tanti giovani perdere tempo dietro a cose che non li stimolano, non li motivano. Non potete permettervi di sprecare gli anni migliori della vostra vita stando semplicemente parcheggiati in un posto che non vi rappresenta. Non è importante cosa. Che tu voglia essere postino, meccanico, avvocato, artista, giardiniere o casalingo non è importante, è la chiamata alla professione che diventa centrale, anche se poi nel corso della vita magari la cambierai dieci volte. Il lavoro rappresenta il cinquanta per cento della nostra vita e non possiamo permetterci di essere sereni solo a metà. Capisco anche che è un periodo difficile per voi, ma a volte lo si prende come un alibi, un modo per sottrarsi alle proprie responsabilità.»

Le cose che mi dice La Carla non mi sono del tutto estranee, già le sapevo, sicuramente qualcuno me le ha già dette. Ma in quel momento, con in mano una tazza floreale bordata d'oro, prodotta in quella città della Francia che non avevo mai sentito nominare, quelle parole mi arrivano dritte alla testa e allo stomaco.

«È per mio padre. Questo hotel è di mio padre.»

La voce mi esce da sola senza nessun comando, io stesso mi stupisco nel sentirmi parlare. È come se il cervello non aspettasse più nessun input, ma lavorasse in totale autonomia.

«O meglio, tra le varie attività che possiede ha anche questa. Io odio mio padre. Sono cresciuto credendo che fosse una persona diversa.»

«Diversa da chi, da cosa?» incalza La Carla.

«Da chi mi aspettavo che fosse. Chiunque fuori casa tesseva le lodi di mio padre. Tutti a dirmi che grand'uomo fosse. Ma per me non era così. A mano a mano che crescevo quell'immagine si demoliva. Non gli ho mai sentito pronunciare le parole: "come stai". Mai una passeggiata, un gioco, una chiacchiera insieme. Ma ricordo perfettamente come trattava mia madre. Quella povera donna che per amore ha rinunciato a tutto, alla laurea in biologia, al nuoto o a coltivare una passione qualsiasi.»

«Magari a tua madre stava bene così, era quello che voleva. La libertà a volte è anche il poter scegliere le proprie catene. Voglio dire che spesso, quando amiamo una persona, vogliamo per lei il meglio ma non è detto che il nostro meglio sia giusto per lei. Ognuno ha la propria testa. Molte volte proiettiamo pensieri e aspettative sulle altre persone, ma sono solo frutto di quello che vorremmo noi per loro, in base all'idea che ci siamo fatti. Magari per tua madre è stato naturale rinunciare a tutte quelle cose che dici. Forse mamma è felice anche così.»

«A prendere botte?»

L'imbarazzo della Carla ora è palpabile, ma io ho ancora voglia di parlare.

«E poi c'è Giulia, mia sorella.»

Ogni volta che penso a lei mi manca il fiato.

«A casa non stavo più bene, così compiuti i diciott'anni mi sono trasferito in un appartamento sempre di mio padre. Lo so cosa sta pensando, che ho preferito scappare piuttosto che affrontare il problema.»

«Scusa se mi permetto e non vorrei sembrarti maleducata, ma penso sia un po' troppo comodo scappare da tuo padre per andare in un'altra casa comunque di sua proprietà. Non sei scappato, semmai vuoi umiliarlo, esercitare il potere di figlio su di lui, una sorta di ricatto morale. Scusa se te lo dico ma questo è un comportamento un po' infantile e tu non sei più un ragazzino. È un po' come se gli dicessi: "Di te non voglio nulla, ma i tuoi soldi sì". Luca, la vita mi ha insegnato che i problemi o si affrontano o non si affrontano. Non mi permetterei mai di dirti che stai sbagliando, ci mancherebbe, la vita è tua e io non sono nessuno per dirti cosa dovresti fare. Ma mi sembri un ragazzo sveglio, anzi, ormai un uomo, e il tuo diritto e dovere è quello di migliorare la tua vita giorno dopo giorno, e questo lo si fa anche cercando di risolvere alla base tutti i problemi o le incomprensioni che ci impediscono un cammino retto. Prova a chiederti come mai te ne sei andato.»

«L'ho fatto, punto. Mi sentivo come anestetizzato, paralizzato. L'importante era andare via da quella casa, non respirarne più l'aria. Io non volevo e non voglio avere più niente a che fare con quell'uomo. Del resto non ho deciso io di venire al mondo...»

Questa donna comincia a farmi perdere la pazienza. Non voglio e non posso consentirle di mettere in discussione la mia vita, ma ormai ho iniziato e devo finire, se non altro per educazione e rispetto.

«E comunque per qualche anno è andata bene. Mia madre mi veniva a trovare. Spesso pranzavamo insieme, mi faceva la spesa e mi puliva casa. Era il suo modo per dirmi che mi capiva, che mi amava. Giulia andava e veniva dal mio appartamento. Aveva le chiavi e spesso si fermava per il week-end. Ma qualche anno dopo...»

Era la prima volta che ne parlavo, ho sempre evitato di farlo. È come se, dicendolo, diventasse reale.

Ma era reale.

«Una sera mio padre mi ha chiamato al cellulare e mi ha detto che la mattina seguente sarei dovuto andare a Parma a consegnare dei documenti per lui. Ormai il nostro rapporto era questo, capitava di non sentirci per giorni o settimane e poi all'improvviso chiamava e senza salutarmi mi ordinava di fare qualcosa per lui. Era un po' il nostro contratto tacito: lui mi manteneva e io in cambio, ogni tanto, svogliatamente, facevo qualcosa per lui. Ma quella mattina non ho sentito la sveglia. Ero stato in giro per locali come quasi tutte le notti. Quando mi sono alzato ho visto che avevo dei messaggi nella segreteria del cellulare. Il primo era di mia madre: "Ehi Lu, dove sei? È da più di un'ora che tento di chiamarti ma sei spento. Sono ormai le undici e tu dovresti essere già a Parma. Lo so che ti chiedo tanto, ma se non ci sei andato inventati qualcosa e fai una telefonata a tuo padre". Il secondo messaggio era di mio padre: "Sei il solito lavativo, a te interessano solo i miei soldi, su di te non si può mai contare... per fortuna che ho un'altra figlia, tua sorella, che senza batter ciglio si è buttata in macchina al posto tuo. Non cambierai mai". L'ultimo messaggio era di nuovo di mia madre, che in preda alla disperazione mi chiedeva di richiamarla. Mia sorella non è mai arrivata a Parma. Un camion ha travolto la sua macchina in autostrada.»

Il mio corpo inizia a tremare.

La gola mi si chiude e scoppio a piangere a dirotto.

La Carla si alza e da dietro mi abbraccia forte.

Per qualche minuto rimaniamo lì, in silenzio, con quell'odore di lavanda nell'aria.

Poi mi rendo conto che una donna anziana, una sconosciuta, mi sta abbracciando e consolando e, malgrado quella sensazione non sia spiacevole, sento la necessità di scappare, di lasciare quella stanza, quella luce, quella donna.

Esco senza salutare, ho già speso troppe parole e già me ne sono pentito.

Fuori dall'appartamento della Carla mi sento strano, in un mix di sensazioni contrastanti.

Da una parte il mio cervello continua a domandarsi che cazzo volesse quella vecchia da me. Perché mi stava facendo il lavaggio del cervello? Perché mi metteva sempre in cuffia con quelle domande che mi gettavano nell'angolo e mi lasciavano nudo?

Dall'altra non riesco a odiarla, è come se qualcosa dentro di me avesse voluto assecondare le sue curiosità.

No, non va bene, non va bene per niente.

Io sto combattendo da solo la guerra contro mio padre, non mi servono alleati né soprattutto psicologi o presunti tali.

Il mio obiettivo è chiaro e nessuno mi distoglierà.

Fanculo La Carla e il suo regno fatato.

Si limitasse a fare quello per cui è qui: una signora anziana sulla via dell'alcolismo, punto.

Tanti auguri

Ultimamente dormo sempre più qui e meno a casa mia.

Senza accorgermene ho cominciato a mettere nello zainetto un giorno lo spazzolino e un paio di slip, un altro una felpa e qualche camicia, poi delle scarpe.

Ora potrei stare qui in albergo senza dover tornare a casa per almeno una settimana.

Il tempo, qui, quando non sono con loro, lo passo a spiare dai monitor i miniappartamenti e le aree comuni dei miei ospiti.

Più passa il tempo e più questa cosa mi pesa.

Mi sento un ladro di vite.

Non sono onesto con loro, mentre loro mi regalano solo verità.

Due giorni fa hanno anche formato una chat di gruppo su WhatsApp che hanno chiamato "Asfaltilandia". La più attiva è chiaramente Chantal.

Io mi limito a leggere le loro conversazioni e per ora non ho mai risposto.

È curioso notare come hanno personalizzato ciascuno il proprio spazio e come quest'ultimo parli di loro.

Nel miniappartamento di Fabiola ed Ebo, tutto è doppio. In soggiorno, a sinistra della finestra c'è un divano a due posti e a destra un tavolo quadrato con due sedie.

Al centro c'è una scrivania da ufficio fatta a doppia isola

con due postazioni gemelle per i computer e di lato il piano cottura con penisola e due sgabelli.

In stanza, un letto a futon con due lampade appoggiate a terra, una a destra e una a sinistra e, appoggiata a una parete, una gigantografia di un cancello azzurro scrostato chiuso con una catena rossa.

Fabiola ed Ebo riescono a stare in silenzio anche per ore.

Ma il loro silenzio è complice, avvolgente, non come quello che provavo con mio padre.

Il loro è un silenzio assordante, più bello e colorato di mille parole.

Ogni volta che i due cambiano posizione nella stanza e per farlo devono passare vicino all'altro, si toccano, appoggiano le mani sulla testa o sulla spalla dell'altro.

Ogni tanto, a turno, uno dei due si alza dalla propria posizione e va a dare un bacio all'altro, si guardano negli occhi per qualche secondo e poi ognuno torna a occuparsi di quello che stava facendo.

Quello di Chantal è il più colorato, confuso, allegro.

Ricorda il video *Lady Marmalade* di Christina Aguilera.

In soggiorno, al centro della stanza un divano rosso fatto a bocca. Ovunque, ma veramente ovunque, ci sono solo vestiti, borse appoggiate su pouf colorati e decine e decine di scarpe. Il piano cottura è coperto da riviste, libri, sacchi di patatine e oggetti vari.

Un letto a baldacchino domina tutta la stanza e di fronte c'è un enorme specchio con un tavolo e una sedia e una miriade di trucchi, creme, ciglia finte, gioielli.

Come lampadario, una gabbia con un cardellino finto ma senza lampadina.

Al centro del letto è adagiato qualcosa di indefinito che ricorda un peluche di un cane.

La cosa che colpisce dell'appartamento di Alex è l'ordine assoluto che vi regna, tutto sembra governato dalle leggi della simmetria. Non ci sono foto, quadri né soprammobili. Sugli scaffali solo qualche libro perfettamente allineato.

Tutto è minimo ed essenziale.

L'unica nota stravagante è che alle pareti sono appiccicati un sacco di Post-it, quei foglietti gialli che hanno una parte adesiva. Quando è a casa, Alex sta seduto in tuta sul divano con una penna, poi scrive qualcosa su un quadratino giallo, va alla parete e lo attacca, e magari ne stacca qualcuno. Poi torna a scrivere e ogni tanto ruota la testa, fissa la parete e si rialza di nuovo ad attaccare e staccare Post-it.

Inutile dirvi che il miniappartamento della Carla è quello più curato, per stile ed eleganza.

MONITOR SALA TV

Intenti a guardare un programma in tv ci sono La Carla, Fabiola, Ebo e Alex.

«Avete notizie di Chantal? A me ha detto che sarebbe rientrata subito dopo cena» chiede La Carla.

«Idem» risponde Fabiola, «mi ha detto che voleva farmi provare una maschera al caviale per il viso.»

«Ma come mai siete tutti a casa di venerdì sera? Non avete meglio da fare che stare con una vecchia a guardare la televisione?» continua La Carla.

«Zitti, zitti, fatemi sentire cosa dice la Ferilli» fa Alex.

In tv Sabrina Ferilli sta rispondendo alla domanda di un giornalista che le ha chiesto come mai in Italia il diverso è ancora così tanto discriminato:

È un discorso complesso dove alla base c'è solo tanta ignoranza e una paura ingiustificata. Tante volte anche per chi pensa di difendere il diverso. Ultimamente sento tante parole, solo tante parole… per sdoganare i gay c'è sempre bisogno che il personaggio etero famoso dica che è amico dei gay, che frequenta molti gay, quasi come a dire che è una "malattia" che non contagia.
E questo non ha senso.
Io non ho mai chiesto a chi mi sta intorno quale genere sessuale preferisse a letto.

O comunque non è un'informazione che cementa o mi faccia scegliere le mie amicizie.
Di certo non mi baso su queste stronzate, ma su valori più importanti.
Questo bisogno di semplificare tutto, etichettare tutto diventerà la morte del singolo e quindi della comunità.
I media poi non aiutano di certo.
Vanno dietro l'onda di regalare l'aspetto più superficiale del problema non capendo invece che potrebbero avere una efficace arma comunicativa per scardinare l'ignoranza o il pregiudizio.
E invece no, in tv per esempio i gay sono rappresentati da figure irreali di certo simpatiche e leggere… ma sembrano dei cartoon, che ci devono far sorridere, perché se sono "pupazzi" allora è più semplice accettarli.
Invece bisognerebbe cominciare a riconoscere il valore uguale al nostro, del gay, dell'extracomunitario, del o della trans perché è così.
Ripeto, i media dovrebbero farci riflettere sullo stato attuale delle cose e non banalizzarle per raccattare maggiore ascolto. Insomma, alzare ogni tanto l'asticella non è un delitto. Non sto dicendo che non ci debba essere la leggerezza o la risata, ci mancherebbe, l'ironia ci salva sempre da tutto, a me in primis, ma ci dovrebbe essere più verità e meno verosimiglianza.
Ormai in pochi ci fanno riflettere sul vero stato delle cose.
Per sentirci più forti, rassicurati, dobbiamo dividere i buoni dai cattivi secondo un criterio insensato.
Lo stesso per il quale io potrei, mangiando carne, ritenere il male i vegani o i vegetariani. O siccome io non guido potrei dire che tutti gli autisti sono dei potenziali killer.

«Mi è sempre stata simpatica questa donna. Intelligente, bella, introspettiva, acuta e leggera. Voi non potete ricordarvela, ma ai tempi miei c'era un'attrice anche lei romana, si chiamava Anna Magnani. Straordinaria, con un carisma mai visto, cruda, passionale, avvolgente e soprattutto accogliente, ecco, questa Sabrina Ferilli me la ricorda. Anche la Magnani usava la sua notorietà per scalfire il pregiudizio della gente. Alex, qualche tempo fa mi chiedevi un consiglio su come scardinare questo sistema ottuso, ecco, forse bisognerebbe trovare il modo di far parlare queste brave persone, che essendo popolari amplificano il messaggio.»

«Eh, sì, ma non è facile, e poi chi?»

«Uno ci prova, si mette lì e comincia a pensare a dei nomi: che ne so, politici, gente dello spettacolo, scienziati, medici, ma, come diceva la signora Ferilli, oltre ad avere una certa credibilità devono essere bravi e argomentare in maniera diretta ed efficace. Tu che hai la mania di riprendere tutti, perché non fai una sorta di documentario dove mostri storie vere e poi le fai commentare a questi signori?»

Arriva Chantal con due ragazzotti gonfiati come dei polli di allevamento, mi dice che è in ritardo ma che è tutto pronto. Mi chiede dove siano gli altri e le dico che sono sul divano. Che Alex si è già addormentato un paio di volte e che La Carla ogni volta lo copre con un plaid, manco fosse un neonato. Ora però sono tutti svegli davanti alla tv.

«Ma come fai a saperlo se rimani sempre rintanato qui?» mi chiede.

«Mi sono affacciato prima per prendere una bottiglia d'acqua dal frigorifero...» e lancio una rapida occhiata ai monitor neri che ho spento prima che lei entrasse.

Chantal mi dice che ha bisogno ancora di pochi minuti, che deve andare a cambiarsi e che poi al suo segnale devo spegnere le luci della sala da pranzo.

I quattro stanno ancora parlando quando improvvisamente si fa tutto buio.

Dall'ingresso compaiono due fasci di luce enormi che, avanzando, accecano i presenti.

Poi un fascio cambia direzione e illumina l'ingresso.

Chantal, stranamente a piedi scalzi, vestita con una sottoveste bianca tutta piena di swarovski, fa il suo ingresso cantando *Happy Birthday* versione Marilyn Monroe, solo che al posto di "Mr President" dice "la nostra Diva".

Spinge un carrello con sopra una torta con tanto di scintille luminose.

Tutti si alzano in piedi e si uniscono alla canzone, chi rimane seduta e incredula è La Carla, che a questo punto ha capito.

«La Carla, *come here,* direbbe Anitona a Marcello Mastroianni, vieni a spegnere le candeline» fa Chantal.

Intanto mi sono unito anch'io al gruppo.

La Carla si alza, si avvicina alla torta e, prima di soffiare, dice: «Sei unica, Chantal. Per fortuna che non le hai messe tutte e novanta... Bravo, Luca, che sei arrivato anche tu. E ricordati che non hai bisogno sempre dell'invito in carta bollata, anzi, facciamo che d'ora in poi, se non hai niente di meglio da fare, ti fermerai sempre con noi a cena».

Tutti applaudono e si riaccendono le luci.

Vicino a Chantal, i due ragazzotti pieni di muscoli, che tenevano i proiettori di luce, sono cosparsi di olio e indossano degli slip strani.

«Loro, mia cara La Carla, sono i tuoi regali, puoi farne ciò che vuoi, li ho pagati fino alle sei di domani mattina.»

«Grazie per il pensiero, ma ti posso assicurare che a me non servono proprio, quindi, ragazzi, se volete andarvi a vestire e poi raggiungerci per mangiare la torta, io ne sarei onorata, tanto il massimo che posso fare è guardare. Se invece avete di meglio da fare non voglio trattenervi ulteriormente» dice La Carla.

«Ma tu sei matta con il botto, qui non si butta via niente, andate pure nel mio appartamento, fatevi una doccia per levarvi quell'olio di dosso e riposatevi che tra poco vi raggiungo, così facciamo un po' di punto croce prima di addormentarci.»

I due all'unisono si girano mostrando il posteriore.

«Oh, santissima vergine, ma hanno tutto il sedere di fuori» esclama La Carla.

«Perché, tu compri a scatola chiusa?» chiede Chantal.

«Regali, regali, regali» scandisce Alex, battendo le mani.

«Aspettate, prima voglio raccontarvi una cosa» dice La

Carla. «Tempo fa Luca mi ha chiesto come mai fossi qui. Anche tu Chantal mi stuzzichi sempre definendomi il mistero della casa. Mi siedo perché non vorrei mi girasse la testa. Come già qualcuno sa, ho cinque figli, tutti sparsi per il mondo. La maternità mi è sempre piaciuta. Fosse dipeso da me ne avrei voluti molti di più. Ho sei nipoti ormai grandi e due pronipoti piccoli. Vedo tutti pochissimo, tranne mia nipote Lea che appena può corre da me. Ogni volta che organizzo un week-end, una mini vacanza o altro, qualche giorno prima comincio a ricevere telefonate di disdetta. Prima uno, poi l'altro e poi l'altra ancora. Le scuse sono sempre le stesse. Non riesco a organizzarmi con il lavoro. Un viaggio così lungo per pochi giorni è solo una faticaccia per i bimbi. Il marito o la moglie devono assentarsi per lavoro. Abbiamo ospiti in casa. Insomma, credo ormai siano più di dieci anni che non riesco a vederli tutti insieme. Ho fatto tanto per tenere unita questa famiglia, per un po' ci sono riuscita, poi la vita ci ha allontanati. Forse è giusto così. Esattamente un anno fa, come fosse oggi, il giorno del mio ottantanovesimo compleanno, tre dei miei figli si sono presentati in casa senza preavviso, con dei sacchetti della rosticceria sotto casa. Mi sono commossa, per un breve momento ho pensato fosse il regalo più bello che potessi ricevere. Mi hanno consegnato una busta. L'ho aperta e dentro c'era una brochure. "Future Family", diceva la scritta. Una casa di riposo a cinque stelle per anziani a Laglio, sul Lago di Como. Ma la cosa che mi ha fatto stare peggio sono le parole pronunciate dai miei figli: "Vedrai, qui non dovrai più preoccuparti di nulla, potrai giocare a canasta, fare bagni di sole, passeggiate nel parco e c'è pure una spa con due piscine al coperto e una all'aperto, insomma, finalmente ti godi la vita, e poi avrai come vicino di casa, pensa un po', George Clooney". Ho capito che quel giorno io ero morta, finita. Non per la casa di riposo, ma perché avevano scelto per me. Semmai un giorno varcherò la soglia di una struttura per anziani voglio essere io a deciderlo. Mi avevano praticamente detto che non avrei più dovuto pensare a nulla. E senza pensare si muore. Li ho ringraziati, ho finto entusiasmo e poco dopo mi hanno salutata lasciandomi lì con i sacchetti della rosticceria ancora intatti. Non mi sono mai sentita così sola. Ecco perché, Luca, Chantal, sono qui. Alla mia età non sono più importanti le cose materiali. Avere una casa bella in centro non basta a farti sentire viva. L'autista, la cuoca e la collaboratrice domestica non sono poi così fondamentali. Quello che diventa vitale è il tempo. E dio solo sa quanto ne ho da utilizzare. Le giornate prima di stare qui erano infinite, ora con voi ho l'ansia che non mi bastino mai. Nella mia gabbia dorata ero come isolata, parlavo solo con Teresa, con Nuri, la mia collaboratrice domestica, con le piante e a volte anche con la televisione. Ed è successo tutto così in fretta. Nemmeno il tempo di accorgermene. Ti svegli e capisci che qualcosa è cambiato, tu ti senti la stessa di sempre, be' sì, magari qualche acciacco in più, magari qualche esame clinico sballato, ma non ti senti gli anni che ti danno. Poi il telefono squilla sempre di meno, il campanello mai. Inizi a imparare un sacco di nomi di farmaci che prima non avevi mai sentito. La gente quando ti parla alza la voce e rallenta il ritmo quasi tu fossi straniera. In strada si spazientiscono se il tuo passo non è veloce come il loro. Se alla cassa ci metti più tempo a trovare le monete nel borsellino, o se chiedi alla cassiera come sta, senti le voci dietro di te che ti intimano di sbrigarti, che loro hanno da fare, non come te. Voi oggi invece avete avuto un pensiero solo per me. Non siete miei figli e sebbene sia venerdì sera avete scelto di stare qui con me. È il regalo più bello che potessi ricevere.»

«Oggi li hai sentiti?» chiede Alex.

«Sì, Lea mi ha fatto una videochiamata, altri mi hanno mandato un sms. Ma basta con queste cose tristi, ora sono qui con voi e godiamoci il momento, avanti con i regali.»

Chantal si alza in piedi: «Il primo regalo te lo voglio fare io, e già chiedo scusa se romperò questa magnifica atmosfera di festa che si è creata stasera. Ci hai detto perché sei qui, ho sentito il tuo racconto e voglio scusarmi

IMMEDIATAMENTE per tutte le volte che ti ho chiamato vecchia. Scusa, davvero. Ora voglio dirvi anch'io perché sono qui, perché è giusto e posso fidarmi. Allora, io mi definisco "Miss Trasloco", perché ho cambiato più appartamenti che uomini e vi assicuro che chi vi sta parlando non è propriamente digiuna, anzi... comunque, gli ultimi tre anni della mia vita li ho spesi condividendo un appartamento con un angelo. Pensate, l'ho conosciuto su Facebook... per La Carla: è quella cosa con tutte le foto che ti dice a chi devi fare gli auguri la mattina».

«Ho novant'anni, non sono stupida, Chantal! So cos'è Facebook e prima che mi vada via dalla testa voglio dirti che tu mi puoi chiamare vecchia tutte le volte che vuoi, non l'ho mai vissuto come un insulto, anzi non lo è, è la verità e ne vado anche fiera.»

«Ammmoreee... comunque non è esatto, io lo avevo già conosciuto, ma eravamo piccoli, giocavamo insieme nel cortile di casa sua poco distante da dove vivevo. Poi crescendo ci siamo persi di vista e infine io me ne sono andata da casa. Qualche anno fa mi ha contattato una tizia su Facebook, appunto, e ha incominciato a scrivermi. Mi diceva di quanto mi fosse grata per essere quella che ero, per essere così diretta nei miei post, nelle foto e nei commenti. Che era fiera e orgogliosa di quello che ero. Fino a che mi disse che lei era quel ragazzino che giocava con me nel cortile e che da qualche anno aveva iniziato anche lei un periodo di transizione. Ci scambiammo immediatamente i numeri del cellulare. Quella stessa notte la passammo a raccontarci tutta la vita persa e chiudemmo con la promessa che saremmo andate presto a vivere insieme. Qualche mese dopo me ne andai dal vecchio appartamento e mi trasferii con lei in uno nuovo. Con lei era come aver ritrovato un pezzo della mia vita che avevo cancellato, che sbagliando avevo voluto rimuovere. Il ricordo di quel cortile polveroso era tornato a galla, mi ricordo le corse, il batticuore per scappare di casa e correre in quel posto magico... mi ricordo il sole, i secchi d'acqua e sua madre che alle quattro ci portava pane e Nutella. Ma Kristine, così aveva scelto di chiamarsi, non ce l'ha fatta, non ha retto tutta la pressione della città, la cattiveria, gli insulti per strada. Una mattina l'ho trovata in stanza tutta vestita e truccata, perfetta. Morta. In mano aveva una busta. Dentro un biglietto diceva: "Sono stati i tre anni più belli della mia vita. Perdonami, essere meraviglioso. Ti amo. P.S. Vado a pulire il cortile, quando arriverai deve essere tutto lucente".»

Restiamo tutti in silenzio, qualcuno tira su col naso.

«E così ho lasciato anche quell'appartamento, era troppo doloroso per me rientrare la sera e trovare la casa vuota. Volevo cambiare radicalmente, andare in un posto che non avesse storia né ricordi, lontano dal passato e se possibile anche dal presente. E quindi eccomi, ecco perché sono qui, a cominciare una nuova vita..... basta ora. REGALI REGALI REGALI!!!»

Ognuno porta il proprio.

È il turno di Ebo e Fabiola: un stampa montata a quadro. Oltre un cancello coperto di ruggine si intravede il mare azzurro. Al cancello è attaccato con dello spago un cartello con una scritta a pennarello: "La Carla Number 1".

«È una foto che abbiamo scattato settimana scorsa a Camogli, ci sei venuta in mente e siamo andati a comprare un cartello e un pennarello per renderla solo tua» dice Fabiola.

«Grazie, grazie tante, è bellissima, la attaccherò in bagno, sopra la vasca. Ebo, è la prima volta che vedo una tua foto in cui si intravede un orizzonte e per giunta il mare» dice La Carla.

«Ha ragione, signora Carla, mi sono stupito anch'io, ma appena ho visto quell'immagine mi è venuta in mente lei.»

«Basta con questa signora Carla, quante volte te l'ho detto, solo La Carla. Grazie ancora. Questo di chi è?» dice, prendendo un pacchetto in mano.

«È mio» rispondo, «non sono tanto bravo con i regali... è proprio una stupidaggine.»

«I regali non sono mai una stupidaggine, non è stupido

regalare del tempo e un pensiero a qualcuno, vedrai che più in là con gli anni lo capirai anche tu.»

La Carla scarta il pacchetto e ci trova una copia della *Mandragola* di Machiavelli.

«Ti sbagli, il tuo non è solo un pensiero, è una vera e propria dimostrazione di affetto e attenzione. È bellissimo, grazie. Tu lo hai letto? No, eh… allora mi prometti che se te lo presto poi lo leggerai anche tu?»

Ho risposto di sì ma La Carla non sa che ne ho prese due copie e la mia ho finito di leggerla ieri sera.

«BASTA!!! Tutta questa cultura mi sta facendo venire la ricrescita, ecco, tieni, questo è tuo.» Chantal porge un pacchetto lungo e stretto.

«No, Chantal, almeno il giorno del mio compleanno risparmiami le allusioni e non voglio provare imbarazzo davanti a tutti. Già quei ragazzi con i sederi di fuori…»

«APRIII!!!» urla perentoria Chantal.

Alex a ogni urlo di Chantal porta involontariamente la mano al petto.

La Carla apre il pacchetto, srotola una fascia che porta la dicitura: "Miss Asfaltilandia".

«Oddio, non sarà troppo? Sicura di volermi cedere la fascia di Miss? Tutti sanno che qui la reginetta del ballo sei tu» dice La Carla.

«Non preoccuparti, è solo per oggi, da domani torni la vecchia e alcolizzata di sempre.»

«Comunque, non vorrei annoiarvi con i miei racconti questa sera, ma io sono stata davvero una Miss.»

«Miss età della pietra?» chiede Chantal.

«Più o meno, pensa, avevo diciotto anni, oddio, vi sto raccontando una storia di ben settantadue anni fa. Vivevo a Ferrara, mio padre era in tutti i sensi un uomo di altri tempi, pensate che io fino a vent'anni mi rivolgevo a lui dandogli del voi. Stavamo in una casa grande, bella spaziosa. Eravamo dodici figli e ognuno aveva la propria stanza. Se mio padre ci trovava a parlare in cortile, in cucina o in salotto a piccoli gruppetti, ci faceva smettere subito e ci diceva che il luogo dove parlare era solo la tavola. Esigeva che le questioni della famiglia fossero per tutti. Quindi i nostri pranzi e le nostre cene erano tutto un rincorrersi per poter dire la propria. Si faceva a turno per raccontare le attività svolte durante il giorno, ma a tavola si dovevano fare anche tutte le richieste del caso. Per esempio, se desideravo un vestito nuovo, o il giorno dopo poter fare una passeggiata, dovevo formalmente fare la richiesta a tavola davanti a tutti. Mio padre ascoltava e poi invitava gli altri a dire la propria e solo alla fine lui accoglieva o rifiutava la richiesta.»

«Io credo di non aver mai mangiato con mio padre a tavola» commenta Chantal.

«Io poche volte» dice Alex.

La Carla riprende il suo racconto.

«Non andavamo a scuola ma avevamo dei professori privati, si chiamavano precettori, uno per noi femmine e uno per i maschi. Vi sto raccontando tutto ciò altrimenti non potreste capire la storia. Un giorno ero con mia sorella maggiore in centro, ci ha fermato un uomo e mi ha chiesto se volessi partecipare a un concorso chiamato "La più bella di Ferrara". Ricordo che mia sorella era più eccitata di me. La sera a tavola raccontai a tutti ma soprattutto a mio padre della richiesta del tizio. Lui mi chiese se ero veramente interessata a partecipare a quella manifestazione. Risposi che ero curiosa e che forse poteva essere divertente. Lui interpellò gli altri fratelli che si dimostrarono anche loro incuriositi da quella esperienza. Mio padre accettò. Due mesi dopo, sotto gli occhi dei miei fratelli ma non di mia madre e di mio padre, venni incoronata la più bella di Ferrara.»

«Ma?» aggiunsi io.

«Hai ragione, Luca, c'è un ma. Il regolamento prevedeva che la vincitrice sarebbe andata direttamente a Miss Italia. Credo fosse una delle prime edizioni o giù di lì. Una volta tornata a casa lo dissi a mio padre, sempre a tavola. Lui mi chiese se ci tenessi, io risposi di sì. Qualche mese dopo, la sera prima dell'evento, mio padre venne in camera mia, mi chiese se ero emozionata e senza lasciarmi rispondere mi diede una sberla che mi fece un male atroce e mi gettò sul letto. La mattina dopo ero gonfia e piena di lividi in faccia. Chiaramente non mi sognai minimamente di partecipare alla manifestazione. Scesi per pranzo e davanti a tutti chiesi perché. Lui mi rispose che investire sulla bellezza per avere un futuro era non solo una perdita di tempo, ma una cosa stupida. Che la bellezza sarebbe passata e io mi sarei ritrovata con un pugno di mosche in mano, ma soprattutto che sarai stata ricordata per sempre solo come una ex bella. Disse inoltre che la nostra era una famiglia di lavoratori e che era ora che anch'io contribuissi a fare la mia parte.»

«Ammazza che stronzo» è il commento di Fabiola.

«Io invece provo un'invidia profonda per quello schiaffo» interviene Chantal.

«Sì, hai ragione, ci sono schiaffi e schiaffi, mio padre dava gli altri» dico io.

«No, non mi sono spiegata, io salvo un padre che ti dà uno schiaffo di quel tipo, perché al di là dell'azione meschina in sé c'è comunque dietro un interesse, una preoccupazione reale, il volere imprimere un insegnamento nello schiaffo stesso. Gli schiaffi di mio padre non erano di stima, interesse, cura o preoccupazione, erano solo di totale disgusto.»

La Carla mi fissa diritto negli occhi. «E gli schiaffi di tuo padre com'erano?» mi chiede.

Io la guardo per qualche secondo, poi distolgo gli occhi e abbasso la testa.

Alex intuisce il mio imbarazzo e prende la parola.

«Mio padre non mi ha mai toccato, mai una sberla, mai un insulto, ma comunque l'ho sempre vissuto distante. Di me si occupava solo mia madre. Lei è stata padre, madre, sorella e amica. Mio padre ha sempre lavorato e lavora come un mulo, si stordisce di lavoro... quando rientrava casa chiedeva solo a che ora si cenasse. Poi si cambiava e scendeva in cantina. Se penso a mio padre è lì che lo immagino. Forse perché è l'unico ricordo che ho di lui. Perché era un momento solo nostro. L'unico attimo della giornata in cui eravamo in connessione. Quando la cena era pronta io scendevo le scale, aprivo la porta socchiusa della cantina e lo chiamavo. Lui si girava, mi sorrideva e mi diceva: "Grazie, arrivo tra poco" e poi si rimetteva a fare quello per cui era piegato sul tavolo, che poteva essere una serratura da lucidare, un frullatore da aggiustare o comunque qualcosa a cui ridar vita. E io stavo lì a guardarlo di spalle in quella cantina che sembrava un bazar. Stracolma di attrezzi, martelli, chiodi, pinze, trapani e tutte quelle cose lì... oltre che gomme d'auto, pezzi di arredamento... insomma di tutto e di più. Poi saliva, mangiava senza dire una parola, guardando la tv, e verso le dieci diceva buonanotte. Io voglio bene a mio padre, non mi ha mai sfiorato, non ha mai alzato la voce, ma forse io quello schiaffo della Carla l'avrei voluto.»

«Magari si comportava così semplicemente perché è la sua natura, e come tale va accettata, no?» replica La Carla.

«Sì, ora concordo, da piccolo meno... e comunque... manca il mio regalo, te lo devo far vedere dal cellulare, è un video, sì... aspetta, posso farlo girare direttamente sul televisore» dice Alex.

Sulla tv appare un titolo: "La Diva" e subito parte la canzone di Cyndi Lauper, *True Colors*.

Alcune foto della Carla e noi scorrono sullo schermo, accompagnate da una serie di frasi, la traduzione del testo della canzone.

La Carla in vestaglia davanti alla specchiera in camera di Chantal mentre questa la trucca.

La Carla che spadella con accanto Fabiola che la osserva con attenzione.

La Carla che in corridoio balla un valzer con Ebo.

Alex che si è addormentato sul divano mentre La Carla gli fa i grattini sulla schiena.

Io e La Carla che cantiamo appunto *True Colors*, durante una serata karaoke improvvisata da Chantal.

Chantal che piange disperata sulla spalla della Carla.

E intanto Cyndi Lauper dice che si ama solo quando si

percepiscono tutti i colori dell'altro, che sono belli come un arcobaleno.

A quel punto do la buonanotte e mi ritiro nella mia stanza.

E tutte quelle immagini di mesi condensati in pochi minuti mi lasciano stordito e al contempo irrequieto. Qualcosa si sta rompendo dentro di me, si sta piano piano sgretolando e sotto c'è qualcosa di nuovo ma io non ho la minima idea di che cosa possa essere.

È una sensazione stranissima, se ripenso agli ultimi mesi ho come la percezione di essere in vacanza da un po'. Come quando vai in campeggio e per quelle due settimane la vita si svolge solo lì, in quel perimetro.

Ma lì dentro hai tutto quello che ti serve. Mangi, dormi, ridi, ti diverti, ti disperi... insomma, vivi.

Conosci delle persone, ascolti le loro storie, ti abitui a loro e in fondo è bello così.

È semplice, è normale.

Ma qui non siamo in un campeggio, non siamo in vacanza e per la prima volta in testa mi ronza una domanda: perché deve finire?

E in quella stanza di albergo grande quanto il mio salotto di casa, per la prima volta mando un messaggio alla chat di gruppo di WhatsApp: "Grazie tribù per la magnifica serata".

In pochi secondi mi rispondono tutti, chi con un cuore, chi con un sorrisino e chi con un dito medio alzato... chi sarà?

Fuochi

Oggi è venuto a farmi visita l'avvocato.

Dice che mio padre non è affatto contento (e questo mi riempie di gioia).

Dice che è impossibile che su dieci appartamenti solo quattro siano stati affittati, per non parlare delle cinque stanze che sono sempre vuote. Che riceve quotidianamente lamentele da parte di potenziali clienti che dicono di non essere mai stati ricontattati malgrado le numerose email di sollecito.

Ha ragione, ne ho cestinate circa una trentina.

Per lo più gente noiosa che cercava un posto dove dormire per tre quattro notti la settimana perché in trasferta qui a Milano.

O peggio ancora richieste di uomini sposati che volevano piazzare le amanti qui solo per avere un posto dove poterle scopare, all'oscuro delle rispettive consorti.

Di questi, quattro o cinque li ho riconosciuti, sono vecchi amici di mio padre, credo compagni di merende.

Saranno stati loro a lamentarsi.

A peggiorare la situazione è l'incontro fortuito con Chantal.

Mentre l'avvocato mi bacchetta come il preside di una scuola elementare di provincia, fa il suo ingresso Chantal.

Una tuta attillata con stampa pitone e la scollatura che arriva fino all'ombelico. In vita una cintura con una testa di cobra e le immancabili tacco 12 con la suola rossa.

Sotto braccio una borsa a busta con le tre lettere YSL.

Si avvicina alla reception e io mentalmente mi faccio il segno della croce.

«Nuovo acquisto ad Asfaltilandia? Saltiamo i convenevoli, dunque, vediamo se indovino... si giri, un bell'abito, bel taglio e foggia, sicuramente un Pignatelli. Rolex classico DateJust e ai piedi, vediamo, alzi il pantalone. Sì, decisamente Bottega Veneta. Allora o è un cocainomane. O traffica nella vendita di organi. O semplicemente è un crossdresser. Insomma, di notte ti travesti da angelo di Victoria's Secret. Allora, quale dei tre? Ti dico subito che se sei l'ultima opzione tu nel mio appartamento non ci metti piede, come minimo mi rubi trucchi, vestiti e babydoll. Sposatoooo?»

«Sono l'avvocato Paolo Bussi e ho il piacere di parlare con...?»

«Chantal Favolosa, e non è il cognome. Quindi è solo qui per battere cassa? Ma ripeto la domanda: sposato?»

E a quel punto Chantal con la coda dell'occhio si accorge dei monitor.

Cazzo, mi sono dimenticato di spegnerli appena è entrata.

«Ma quella è La Carla?» dice strabuzzando gli occhi. «Ma cos... tu sei UNA MERDA VERA!!!!!»

Scavalca il bancone, si piazza al mio fianco e legge le etichette adesive sopra ai monitor.

App. 2: si vede Carla seduta su un divanetto intenta a leggere e accarezzare Teresa.

App. 5: Ebo disteso a terra, Fabiola che gli passa un attrezzo per il massaggio sopra la schiena.

App. 7: vuoto.

App. 9: il divano di Chantal a forma di bocca domina la scena.

Pranzo: spento.

Tv: spento.

Un'altra decina di monitor spenti senza nessuna etichetta completano la successione.

«Tu sei un mostro. Ci hai preso tutti per il culo. Che cazzo è 'sta cosa, perché ci spii? Che fai, ci registri? Ci vendi a quei siti porno per depravati?»

«No, Chantal, non è come credi, ti posso spiegare...»

«Lei signor pinguino se ne può andare, ma stia nei paraggi perché al suo cliente sicuramente servirà un avvocato. Per quanto riguarda te, merda d'uomo, dovevo aspettarmelo. Pensa che qualche giorno fa mi stupivo di come ultimamente ti fossi ammorbidito, che sembrava fossi più partecipe, insomma, avevo pensato che al di là del lavoro ti fossi affezionato a noi. Sembrava che avessimo trovato un equilibrio. E invece sei proprio un essere schifoso. Che fai, dimmi, ti tocchi la sera mentre mi spoglio? O ti piacciono gli uomini di colore? O sei un gerontofilo che si eccita solo nel vedere le vecchie? Mi fai schifo, schifo, schifo. Nella vita posso fare di tutto se lo desidero, ma devo essere io ad accettarlo, a deciderlo, ne devo essere consapevole. Fra mezz'ora fatti trovare in sala tv e ringrazia il cielo che non possa chiamare ora, subito, la polizia, perché certamente darebbero ragione a te piuttosto di darla vinta a me. Ma non temere, io da sola forse non posso fare nulla, ma quando anche gli altri sapranno, allora non sarà solo un'insignificante trans a denunciarti, la denuncia partirà da tutti e allora sì che per te saranno cazzi.»

Chantal senza guardare in faccia nessuno si incammina verso gli appartamenti, dopo qualche passo si gira e piantandomi lo sguardo lucido negli occhi dice: «Perché, Luca? Cosa ti abbiamo fatto?».

E senza aspettare la mia risposta riprende il suo cammino.

«Mi sembra di capire che ha un bel problema, di certo suo padre di questo non sarà contento.»

E anche l'avvocato guadagna l'uscita.

La confessione

Sento le urla di Chantal nella sala tv.

Dalla strada arriva tutto trafelato Alex. «Che succede? Mi ha chiamato Chantal dicendomi di correre subito a casa, sta male qualcuno?»

La parola "casa" mi colpisce come una pugnalata.

«Forse è meglio che tu vada in sala tv, ci sono già gli altri... Alex, ti giuro che non era mia intenzione...»

«Cosa?»

«Nulla, nulla... vai che ti spiegheranno loro.»

Faccio il mio ingresso poco dopo.

Appena entro smettono tutti di parlare.

Dieci occhi mi fulminano.

Chantal mi viene incontro. «Per iniziare, questo!»

Mi molla un ceffone in piena faccia.

La mia testa si rovescia di lato e né io né il mio corpo opponiamo resistenza.

Incasso, muto.

Si avvicina con fare minaccioso anche Ebo, seguito dalla Carla che lo trattiene per un braccio.

«Sei come tutti gli altri là fuori, vi credete i migliori ma il più pulito di voi ha la rogna. Ma tanto che ve ne frega? Vi proteggete l'un l'altro perché voi siete i buoni, l'esempio da seguire. Noi invece siamo i cattivi, le mele marce di questa società. Ci giudicate, ci giustiziate, ridete di noi. Sai qual è l'unica verità? Sei solo un pover'uomo, ignorante, arrogante, senza un briciolo di dignità, ma non mi stupisce che tu non te ne accorga perché di gente come te ne è piena l'Italia.»

È raro sentire Ebo parlare per così tanto tempo.

Le sue parole mi fanno più male dello schiaffo di Chantal.

Ho le gambe rigide, come se fossero di piombo.

Un palombaro pesante che precipita sempre più giù.

Me lo aspettavo che sarebbe arrivato questo momento, erano giorni che il mio senso di colpa aumentava nello spiarli.

Inconsciamente credo di averlo voluto io.

Forse mi sono dimenticato di spegnere i monitor perché volevo si arrivasse a questo.

A una resa dei conti.

La Carla molla la presa dal braccio di Ebo e gli fa segno di sedersi.

Lui rimane ancora lì fermo, proteso verso me, ma poi gira la testa, guarda La Carla e si va ad accomodare.

«Va bene, va bene, siamo tutti scossi e arrabbiati e, Luca, credo che abbiamo ragione, ma ora che abbiamo sbollito forse è il caso che tu ci dia delle spiegazioni. Mi sbaglierò ma sono sicura che ci sia un perché dietro tutta questa faccenda e tanta, troppa leggerezza. Me lo auguro, altrimenti vorrebbe dire che io ho completamente sbagliato sul tuo conto» dice La Carla con un tono tranquillo, fermo e deciso.

È la prima volta in vita mia che mi trovo in una situazione simile.

Ed è la prima volta che La Carla dubita di me.

Ha bisogno di risposte, non come le altre volte, quando voleva farmi riflettere perché ero io ad avere bisogno di risposte.

Vuole capire se l'idea che si è fatta di me è frutto di una sua fantasia o se ci ha visto giusto.

Il suo sguardo è una preghiera: "Dimmi che non sei quello, dimmi che hai fatto solo una cazzata, non tradire la fiducia che ho riposto in te".

Da una parte mi sento come il nemico che viene catturato in guerra.

Dall'altra parte una voce dentro di me mi dice di smettere di essere il nemico.

Questo non è più un gioco.

Per la prima volta comincio a dubitare del mio piano.

Loro con mio padre non c'entrano nulla, loro sono un'altra storia.

Per indole e forse vigliaccheria non sono uno che affronta le situazioni.

Ho sempre galleggiato senza mai andare a fondo alle cose.

Ho sempre ritenuto che fosse inutile combattere, difendere le proprie idee.

Ma questa volta è diverso, qualcosa dentro me mi dice il contrario.

In passato solo con mia madre avevo voluto chiarire la questione di mio padre e di come i suoi comportamenti fossero sbagliati per lei.

Ma mia madre mi aveva rimbalzato.

Mi aveva chiuso la bocca.

Da allora fanculo tutto.

Fottetevi!

Avevo tirato giù una saracinesca proprio come aveva fatto Ebo.

Ora è diverso, a queste persone devo dire la verità.

Non solo perché è giusto farlo.

Voglio farlo.

Per la prima volta in vita mia tengo a delle persone.

«Le scuse sono doverose ma so che non bastano, se mi lasciate qualche minuto cerco di spiegarmi. Voglio prima però dirvi che non vi ho mai spiato in maniera ossessiva e morbosa. Non ho mai indugiato sulla vostra quotidianità privata. Vi ho guardato come si guarda un reality in tv, un po' per noia e un po' per curiosità...»

Fabiola mi viene a pochi centimetri dal naso.

«Curiosità??? Senti, testa di cazzo, innanzitutto quelli che vanno ai reality vengono pagati, secondo poi loro lo sanno fin dall'inizio che vengono osservati e quindi decidono loro cosa cazzo mostrare ai segaioli come te. Io ci sono già passata da questa situazione e so esattamente come ci si sente. Non hai idea di cosa si provi a essere inseguiti, spiati, giudicati senza che tu lo voglia. Quindi per me le tue scuse del cazzo sai dove te le puoi ficcare? E per quanto mi riguarda la situazione è ancora più grave perché io quando ti ho incontrato ti ho raccontato la mia storia, la mia verità... e, pensa, oltre a essere obesa sono pure cretina perché ho creduto che tu avessi capito la mia situazione. Ho creduto che io ed Ebo, finalmente, avessimo una possibilità di seppellire il passato per provare a darci una chance di vita. Ebo lo aveva capito, perché quelli come noi ormai li riconoscono quelli come te. Ha ragione Ebo, tu e quegli stronzi là fuori pensate di essere onesti, dritti ma soprattutto i giusti, gli eletti. Noi vi facciamo schifo? Bene, siamo pari, perché voi lo fate a noi. Ma c'è una leggera differenza, noi non vi calpestiamo. Non godiamo nel vedere annientare il prossimo. Noi, semmai, passiamo la vita a difenderci da gentaglia come voi.»

Per la prima volta sento Fabiola parlare in un italiano corretto, senza nessuna calata o slang romanesco.

Chantal applaude.

«Lasciamolo continuare, poi alla fine decideremo il da farsi, proprio perché noi non siamo come quelli là fuori, proviamo ad ascoltare quello che ha da dirci, ve lo chiedo per favore» dice La Carla.

Raccolgo le idee per qualche secondo.

«Detesto mio padre, questo forse ve l'ho detto, ciò che non sapete è che quando mi ha proposto di gestire questa struttura inizialmente non volevo. Poi ho pensato che invece era l'occasione giusta per prendermi una rivincita. Il piano mi sembrava semplice, perfetto. Se avessi riempito la struttura di persone disprezzate dalla società e lasciate ai margini, sicuramente l'operazione di mio padre sarebbe fallita. E lui l'avrebbe presa in quel posto. Ho intenzionalmente scelto voi come affittuari perché da stronzo ho pensato di prendere persone senza futuro affinché nemmeno l'attività l'avesse. E qui, Ebo, Fabiola, vi do ragione. Da ignorante superficiale e 'sti cazzi quale sono, ho ragionato proprio come la maggior parte della gente là fuori. La gente dice che voi siete dei vuoti a perdere? Bene, prendiamo loro, mi sono detto. Non lo dico per giustificarmi, ma io non sono mai stato razzista o intollerante verso chi è diverso da me. Ancora peggio, non me n'è mai fottuto nulla. Sono stato sempre in disparte. In vita mia non ho mai preso una posizione. A me di quelli come voi non me n'è mai fregato nulla. Certo, sapevo che c'eravate ma non vi ho mai guardato, ascoltato. Vi ho semplicemente ignorato. Ma non solo voi. Ho passato gli ultimi dieci anni della mia vita a schivare e dribblare chiunque avessi intorno, gente, opinioni, cose e pensieri. E credo sia ancora peggio di essere razzista, almeno quei coglioni hanno una convinzione, sbagliata, ma ce l'hanno. Io no, semplicemente me ne fregavo di tutto e di tutti. Questo è stato il mio primo errore. Per il resto si è trattato di leggerezza. Sto parlando dei monitor. Quando c'è stata la ristrutturazione da hotel a miniappartamenti mi avevano fatto notare la presenza delle telecamere a circuito chiuso e mi era stato anche detto che avrei dovuto rimuoverle perché per legge non era possibile tenerle. Io non l'ho fatto. È vero, come allo zoo mi divertiva vedere la mia fauna ingabbiata nei miniappartamenti. Non avevo un cazzo da fare tutto il giorno, tanto valeva spendere del tempo intrattenendomi con voi, come si fa con la televisione. Solo che i programmi li decidevo io, nessuno mi imponeva cosa guardare. Ve lo ripeto, non ho mai indugiato in situazioni intime e private. Non vi ho mai spiato in bagno o in camera da letto. Semplicemente vi guardavo. Man mano che lo facevo però capivo che stavo commettendo un errore. Capivo che non eravate più dei semplici affittuari ma delle persone. Mi piaceva vedere La Carla che cucinava, Alex che preparava il salone, Ebo che fotografava Fabiola e tu Chantal che con la spazzola in mano imitavi Dalida, Beyoncé o Britney Spears. Ma questo è il passato. Lo so, sembra facile e paraculo dirlo ora, ma io ci tengo a voi. Ora è tutto diverso. Con voi sto bene. Mi sono abituato a voi. Soprattutto a te, Carla, che sei riuscita a creare un gruppo. Che ci hai permesso di spogliarci di tutte le nostre paure e che ci hai accolto da vera mamma che ha come primo obiettivo il bene dei propri figli. Quello che sono ora, se mi darete una possibilità, ve lo dimostrerò. Ma so che le parole stanno a zero e quindi non posso fare altro che ammettere la mia colpa e il mio errore. Ho sbagliato, perché mi sono accodato al pensiero comune senza averne uno mio, indipendente, autonomo. Vi chiedo scusa, per quanto possa valere.»

Lo sguardo della Carla ora mi sembra più morbido, a tratti anche emozionato, e finalmente il mio corpo si rilassa perdendosi in quegli occhi.

«Vorresti un applauso? Una pacca sulla spalla? O facciamo un bel girotondo che termina con un abbraccio comune? Devo dire che la storiellina non è stata scritta male, a tratti mi ha ricordato quella lettera strappalacrime di Garko quando ha deciso di comunicare al mondo che gli piaceva il pisello, peccato che nessuno aveva mai creduto che fosse un fan della topa. È come se io dicessi: scusate, non sono naturale. Questa confessione che ci regala un altro Luca, francamente, sarò scettica, ma non mi convince del tutto. Ora cosa succede, Carla? Che democraticamente mettiamo ai voti la sua sentenza? Scusate ma di quello che pensate voi io me ne fotto, è una vita che viaggio in solitaria e di certo non cambio itinerario oggi. Voi fate pure quello che vi pare, parlate, votate, giocate a Forum, io devo fare subito una cosa.»

Chantal si gira, va verso la parete e si ferma di fronte alla cassetta con l'estintore e l'ascia da sfondamento, si toglie il tacco 12, rompe il vetro, impugna l'ascia e con passo deciso va verso la reception urlando: «Che nessuno provi a fermarmi, a meno che non vogliate diventare protagonisti di una serie di zombie».

«Torna indietro, vieni qua subito, Chantal» grida La Carla.

«Lasciala fare, ha ragione... è giusto così» dico io.

Dopo qualche secondo riecheggiano nell'aria rumori di vetri, colpi sordi e le stesse urla gutturali di Chantal accompagnati da: «E uno, e due, e tre, e quattro...».

Poi solo il silenzio e il suono dei tacchi a spillo sul pavimento.

Con l'ascia in mano, Chantal fa nuovamente il suo ingresso in sala tv.

«Per non sbagliare ho distrutto tutti i monitor e con enorme soddisfazione credo che il danno, a occhio e croce, ammonti a ventimila euro, anche perché alla mia sete di vendetta non sono bastati i monitor ma ho continuato con il bancone, con le poltrone e i divani all'ingresso e per finire con quella orribile scultura che mi ha fatto sempre schifo. Ora se vuoi puoi denunciarmi tu.»

La Carla fa un respiro profondo e attacca a parlare: «Bene, ora che ci siamo calmati un po' tutti voglio dirvi cosa penso. Non so voi, ma io credo alla versione di Luca, non solo ha ammesso di aver sbagliato, che di questi tempi non è poco, ma ci ha regalato una verità, la sua verità. Come tutti a un certo punto si è smarrito, ha perso la visione di insieme. Si è chiuso nella sua tana, fatta di indifferenza e apatia. Ha smesso di credere nella possibilità di una vita migliore. Molto meglio galleggiare che lottare. Sappiamo che qualcosa e qualcuno lo ha ferito. E quando questo succede, e parlo a nome di tutti, cosa facciamo? Non permettiamo più a nessuno di colpirci nuovamente e molte volte per farlo siamo noi a diventare i carnefici. Questo è stato il suo sbaglio. La verità è che ognuno di noi sta combattendo la propria battaglia silenziosa, noi tutti in questa stanza lo stiamo facendo. Non credo che sia solo il rapporto conflittuale con tuo padre, non è la sola causa scatenante».

Le parole di questa donna colpiscono sempre nel segno.

Chiudo per un secondo gli occhi e dico: «Una volta, Chantal, hai raccontato che tuo padre ti ha detto che per lui eri morta. A me è successa la stessa cosa. La Carla lo sa, ho vissuto un grande lutto, la scomparsa di mia sorella Giulia. Dopo la sua morte, il Natale successivo, a tavola, la sua assenza era terribile. Il suo posto vuoto. La tazza con il suo nome appesa ancora al gancio sotto la mensola. Un suo maglione ancora sull'attaccapanni all'ingresso.

Mangiavamo in silenzio. Ogni tanto mia madre provava a stemperare la tensione con qualche domanda generica che cadeva nel vuoto. Poi, dopo un silenzio interminabile, mio padre mi disse: "Sarebbe stato meglio se su quella macchina ci fossi stato tu". Sono quindici anni che mi sveglio ogni mattina pensando a quella frase. Non voglio impietosirvi o farvi tenerezza, per quello che ho fatto non ci sono giustificazioni, ma se ora volete farmi delle domande io sono qui, pronto a dirvi tutto».

«Credo sia stata una doccia fredda per tutti, quindi proporrei di pensarci su, di lasciare che le parole dette trovino in ognuno di noi un personale significato» dice Ebo.

«Sono d'accordo» aggiunge La Carla.

Ebo tende la mano a Fabiola ed escono dalla stanza.

Chantal li segue a ruota e passando mi lancia uno sguardo neutro.

Alex si avvicina e mi abbraccia.

Un ospite inaspettato

Per qualche giorno ho preferito tornare a casa. Ho pensato che prenderci una pausa avrebbe fatto bene a tutti.

Ha ragione Ebo, ognuno ora deve trarre le proprie conclusioni.

Chantal nella chat comune mi ha chiesto gli estremi della carta di credito per ricomprare l'arredamento che ha distrutto e aggiunto che finalmente Asfaltilandia avrebbe avuto un aspetto diverso, glamour. L'ha definito "shabby chic", non so cosa sia ma andrà benissimo.

Quella richiesta per me è valsa come un perdono o comunque una resa.

La Carla e Alex mi chiamano quasi ogni giorno per chiedermi come sto e dicono che la mia assenza si sente.

Anche Ebo e Fabiola mi hanno mandato dei messaggi, quello più significativo diceva: "Una seconda possibilità la si deve dare a tutti. Ora sta a te, ma noi ci siamo. Ebo e Fabi".

Come immaginavo l'incontro tra Chantal e l'avvocato aveva sortito un effetto. Attraverso un messaggio vocale l'avvocato mi ha fatto sapere che sarebbe arrivata una nuova ospite che avrebbe soggiornato a titolo gratuito nella struttura per qualche settimana. Ha anche aggiunto che necessitava di privacy assoluta e che non avrebbe interagito nel modo più assoluto con gli altri inquilini.

La fine del vocale diceva: "Per pura curiosità, oltre al

travone, quali altri fenomeni da circo soggiornano nella struttura?".

Manco ho risposto. Ho solo pensato che all'avvocato auguravo veramente una vita da crossdresser, come aveva detto Chantal. Sicuramente così facendo avrebbe avuto un'esistenza più colorata e vera rispetto alla sua quotidianità grigia da schiavo del potere.

Quando tre giorni dopo torno nel condhotel, per qualche secondo penso di aver sbagliato posto, di essere entrato erroneamente nell'edificio di fianco.

L'ingresso della Asl è diventato un salotto tipico delle case di campagna in Provenza. Credenze vintage, specchi enormi con cornici dorate antiche, oggetti in ferro battuto, tappeti patchwork.

Al posto della reception una sorta di angolo bar con tavolini e altri divani. Su uno di questi c'è Chantal intenta a spalmare sul viso di una tizia una crema color puffo, al suo fianco siede un omino piccolo e tozzo.

«Finita la quarantena?» mi accoglie Chantal.

«Pensavo di aver sbagliato ingresso, credo che dovrò abituarmici un po'...» rispondo.

«Quella reception era troppo démodé, scura, brutta, fredda. Ora è un posto accogliente, dove si può prendere una tazza di tè o di cioccolata con le amiche, insomma, uno spazio in più da vivere. Ti presento Paula e Marika, con la kappa.»

«Piacere Paula, piacere Marika, Luca.»

Paula è un donnone alto almeno un metro e novanta, e sotto quella crema azzurra si nota una faccia da cavalla con un naso lungo e affilato come una lama, sicuramente rifatto. Degli zigomi pronunciati e una fronte spaziosa. I capelli di un colore indefinito tra il biondo e il castano tirati in una treccia all'indietro.

Qualcosa mi dice che qualche decennio fa Paula aveva un nome maschile.

Marika, che avevo scambiato per un uomo, in realtà è una ragazza molto mascolina. Di certo gli anfibi, il giubbotto militare e i capelli rasati a zero non aiutano a sprigionare la sua femminilità.

«Ah, ho un regalo per te.»

Chantal si alza, apre un cassetto della credenza e mi porge un pacchetto.

«Che cos'è?» chiedo, sorpreso.

«APRILOOO!!!» Il solito urlo imperativo di Chantal.

«Una webcam? E cosa ci devo fare?» dico, ancora più sorpreso.

«Be', se vuoi la piazzo in camera mia eeee...»

«Chantal!!!» esclamo.

Sapevo benissimo che quello era il suo modo per dirmi che mi aveva perdonato. Fino a qualche mese fa non credevo che una trans potesse darmi una lezione di vita.

«Comunque ho pagato pure quella con la tua carta di credito e se non vuoi metterla in camera mia puoi sempre usarla come videosorveglianza per la reception» aggiunge.

Questo scherzetto ha praticamente azzerato il mio conto in banca. Ma non me ne frega nulla. Anzi, penso che forse è arrivato il momento di cominciare a guadagnare usando solo le mie forze.

Una donna vestita con un tailleur bianco da uomo, una coppola e degli occhiali scuri fa il suo ingresso nella hall.

È sicuramente la tizia che manda l'avvocato.

Con lei un uomo che ha tutta l'aria di essere un bodyguard.

Sarà sicuramente l'amante di qualche amico di mio padre.

«Ti prego, Chantal, non dire nulla, è una tassa che dobbiamo pagare» dico.

«È arrivata Sharon Stone o Demi Moore, giusto per capire?» Chantal non riesce a trattenersi.

«Piantala Chantal... mi scusi, la stavo aspettando. Il suo appartamento è il numero uno. Come da richiesta nessuna finestra dà sulla strada ma entrambe si affacciano sul cortile interno. Può gentilmente darmi un documento?» dico alla nuova ospite.

«Mi sembrava di essere stata chiara con l'avvocato Bussi, nessun documento, nessuna domanda e assoluta privacy» risponde con una voce stridula e metallica che sembra provenire da un citofono.

«Posso solo chiederle quanto ha intenzione di fermarsi?» aggiungo.

«Ancora? Facciamo che per qualsiasi domanda o dubbio lei contatta direttamente l'avvocato. E ora, se mi può gentilmente dire dove devo andare… grazie.»

«In fondo a quel corridoio a destra, il primo appartamento sulla sinistra, ecco le chiavi» rispondo.

Lei e il bodyguard inforcano il corridoio.

«Simpatica come farsi un peeling con la carta vetrata, mi vuoi dire chi è? Non è che stai combinando un altro casino dei tuoi, Luca?»

«Te l'ho detto, sono obbligato. Dopo la visita dell'avvocato, quello a cui tu hai detto che di notte si traveste da donna, è arrivato l'ordine perentorio di accogliere questa ospite. Non so chi sia, anche se credo di avere una vaga idea. Comunque non ci sono soluzioni, dobbiamo tenercela per un po' se vogliamo continuare a stare tutti qui, e comunque vedrai che non farà vita sociale con noi.»

«Lo spero per te, Luca. Vai a dire alla Carla che sei arrivato e che ti fermi a cena, ci saranno anche Paula e Marika.»

Paula e Marika

Siamo tutti a tavola tranne Alex.

La Carla è veramente contenta. È tutto il giorno che spadella.

«Allora, oggi abbiamo i pizzoccheri, il piatto preferito di Luca, e come secondo bocconcini di pollo in pastella con purea di patate, il tutto abbinato a un fermo rosso, un cabernet-sauvignon dell'Alto Adige, e ringraziamo subito Fabiola che mi ha fatto da aiuto cuoca.»

«Fabiola un beato cazzo... qui si fanno figli e figliastri, mi avevi promesso le polpette al sugo» dice Chantal.

«Hai ragione, ma quelle sono già pronte e domani vedrai che saranno più buone ancora. Sono un po' di giorni che non vediamo Luca quindi ho pensato di cambiare in corsa, ho fatto male?»

«No, no, ripeto, qui si fanno figli e figliastri e indoviniamo un po' chi sono i figliastri? Vabbè, chissene. Allora faccio le presentazione ufficiali: loro sono Paula e Marika, sono mie carissime amiche e sono una coppia» dice Chantal.

A Fabiola va di traverso un pezzo di pane.

«Come 'na coppia? Cioè, Paula, tu sei 'na transessuale? Cioè, prima eri omo, ora sei transessuale, forse te piacevano, ehm, gli uomini, ma Marika è una donna, oddio nun ce sto a capi' 'na mazza, cioè, scusate nun volevo... insomma, avete capito, vabbè dai niente, famo uguale, ho fatto un casino come ar solito.» E aggiunge sottovoce rivolta a Ebo: «Uffa, non riesco mai a spiegamme de quello che voglio di'».

«Qual è il problema?» fa Chantal.

«No, no, figurate, nessun problema, era pe' capì» dice Fabiola.

«Ma è possibile che per capire bisogna sempre incasellare, etichettare? Siccome lei è una transessuale allora dovrebbe stare con un uomo? Uno sta con chi gli pare, no? Minchia, se non lo capiamo noi e comunque chi non è ancora operato si chiama transgender...»

In quel momento arriva Alex.

«Scusate... scusa, Carla, se oggi non ti ho aiutato con la cena, ma al lavoro è sempre di più un macello. Ma chi era quella donna che è appena uscita dalla reception?»

«Mata Hari» risponde Chantal.

«Una nuova inquilina, diciamo silenziosa, credo che la vedremo solo uscire ed entrare, dubito che si unirà a noi» rispondo io.

«Non so perché ma aveva un'aria famigliare» aggiunge Alex. E poi, sedendosi vicino a me, mi sussurra all'orecchio: «Ma invece loro chi sono?».

«Due amiche di Chantal, la piccoletta è una donna. Mettiti comodo, credo che stia iniziando lo spettacolo» gli rispondo.

Paula prende la parola.

«No, Chantal, nessun problema, capisco che effettivamente la cosa possa sembrare un po' strana ma è così, mi sono innamorata di Marika due anni fa. Io ero l'allenatrice della sua squadra di calcio e dopo un po' che ci frequentavamo abbiamo capito entrambe che tra noi stava succedendo qualcosa e basta, eccoci qui, fine della storia.»

«Figo» dice Alex. «Posso riprendervi con il cellulare?»

«NOOO!!!» urla Chantal.

«Scherzavo, cretina... anche se...» dice Alex.

«Quindi tu sei un'allenatrice di calcio?» chiede La Carla.

«Sì, cioè... insomma, è una storia lunga» risponde Paula.

«Alla Carla piacciono le storie lunghe; tranquille, state in un posto sicuro e di loro potete fidarvi» dice Chantal.

«Posso?» chiede Paula a Marika.

Mentre Marika fa sì con la testa, penso che mio padre non avrebbe mai chiesto il permesso a mia madre.

Dalla borsetta Paula tira fuori una foto e la mostra a tutti.

Un ragazzone moro, riccio, muscoloso con un naso lungo e grosso con sotto due baffoni folti.

«Questo sono io circa vent'anni fa. Mi chiamavo Raphael ed ero una giovane promessa del calcio brasiliano. Ai tempi frequentavo una ragazza del mio quartiere in un paese vicino a Manaus. Ma al contempo, da diversi anni, avevo anche una storia con un mio compagno di squadra. Un giorno, durante gli allenamenti, si avvicinò un tizio che mi propose un ingaggio in una squadra di serie C a Brasilia, che dista più di tremila chilometri da Manaus. Finalmente era arrivata la mia occasione. Ho iniziato a giocare seriamente a pallone all'età di undici anni. Avevo bisogno di quei soldi, ma soprattutto che il mio sogno si realizzasse. Poco prima di partire la mia ragazza mi comunicò che era incinta. I suoi genitori furono categorici, mi dissero che io non sarei andato da nessuna parte, che mi sarei sposato, avrei fatto il padre e che avrei lavorato nel loro negozio di elettrodomestici. Anche per i miei genitori questo doveva essere l'unico mio futuro. Per quieto vivere, accettai. Addio sogno, addio sacrifici. Mi misi un camice bianco e vendevo frigoriferi, frullatori e lavatrici tutto il giorno. Il calcio lo vedevo dalle tv che vendevo. Ma sin da subito le cose non andarono bene. Una volta nato nostro figlio, mia moglie ha smesso di considerarmi, era come se per lei non esistessi più. Credevo fosse normale, la gravidanza, la nuova responsabilità del bimbo e tutte quelle cose che si sentivano dire. Continuavo a frequentare il mio amico e insieme fantasticavamo un futuro diverso, insieme, lontano da lì. In due anni la situazione precipitò del tutto. Io e mia moglie eravamo diventati dei perfetti sconosciuti. Addirittura non voleva che tenessi in braccio mio figlio. Mi diceva di uscire, di andare al bar, di stare con gli amici. Per farvela breve, la situazione arrivò a un punto di non ritorno. Così io e il mio amico organizzammo una fuga. Lasciai una lettera a mia moglie dove le spiegavo che quella vita mi stava stretta, che a ventitré anni volevo qualcosa di più e tutta una serie di scuse.»

«E tuo figlio?» chiede Ebo.

«Aspettaaa, per ora non è successo ancora niente, *Beautiful* a confronto è un cartone animato per bimbi sotto i dodici anni» risponde Chantal.

Paula riprende il racconto.

«Insomma, sta di fatto che arriviamo a Rimini. Il mio amico mi aveva detto che lì c'erano delle persone che ci avrebbero inizialmente aiutato e ospitato in attesa di trovare una nostra sistemazione. Erano delle nostre connazionali trans che vivevano tutte insieme in un grande appartamento. L'atmosfera in casa era rilassata, piacevole. Non ci misi molto a capire che alcune di loro erano dedite alla prostituzione, ma in casa non c'era mai tensione e paragonata all'aria che respiravo prima mi sembrava di stare in paradiso. Poi però il mio compagno cominciò a rivelare un lato del suo carattere che non avevo mai messo a fuoco. Era sempre più interessato ai racconti delle ragazze. Per gioco cominciò a indossare in casa abiti femminili. A me la cosa non turbava, anzi, mi divertiva. Non mi sembrava forzata ma estremamente naturale, divertente. Del resto, mi dicevo, non facciamo nulla di male, siamo giovani, siamo qui io e lui e ci amiamo. Mi sentivo libera, anzi, allora libero. Piano piano cominciò a truccare anche me e quello che inizialmente era solo un gioco serale, dentro le mura domestiche, divenne routine. Io avevo trovato un lavoro all'ortomercato. Mi svegliavo alle quattro di mattina e andavo a scaricare le casse della frutta. Poi verso le undici tornavo a casa, mi lavavo e mi vestivo da Paula. Alle ventuno tornavo Raphael e lavoravo in un pub fino all'una.»

«Scusa, ma tu' moje nun l'hai più sentita?» chiede Fabiola.

«Sì, ci stavo arrivando, qualche mese dopo cominciai a sentire il bisogno di scrivere a mia moglie. Nelle lettere le dicevo che stavo bene. Le dissi una bugia, che avevo trovato un lavoro come calciatore in una squadra minore. Lei alle mie lettere rispondeva sempre con due righe telegrafiche e piene di odio. Per carità, lo capivo perfettamente. Chiudeva sempre dicendomi di inviare almeno dei soldi per il bambino. Io l'ho sempre fatto, non era molto, ma almeno era qualcosa. Il mio compagno mi suggerì anche di inviargli delle foto vestito da calciatore, in campo, durante gli allenamenti, insomma in situazioni dove potesse credere che fosse veramente la mia vita. Così iniziai a scattare foto in ambienti e in abiti diversi, sempre inerenti al mondo del calcio, e presi a inviarne una alla settimana. In pratica mi ero fatto una scorta di foto finte che centellinavo per lei. Lei, da allora, stranamente si ammorbidì e cominciò anche lei a spedirmi delle foto del bimbo. Man mano che arrivavano iniziai a notare che quel bambino aveva qualcosa di strano, non aveva un'aria famigliare ma al contempo mi ricordava qualcuno. Fu il mio compagno a farmi vedere la somiglianza con un cugino di mia moglie che ai tempi era fisso a casa nostra. Aveva ragione, aveva il suo sguardo, la sua bocca, la sua fronte.»

«Ma è una storia pazzesca, sicura che non posso riprendere questo racconto?» dice Alex.

«VUOI FINIRE A LETTO SENZA CENAAA???» urla Chantal.

«Continua, Paula» incalza La Carla.

«Presi coraggio e la chiamai. Inizialmente negò, coprendomi anche di insulti. Poi, alla fine, cedette e mi disse la verità. Ricordo che fu un dolore atroce. Mia moglie mi aveva mentito. Sapeva che quel bimbo che portava in grembo non era il nostro. Sapeva dell'ingaggio della squadra di Brasilia e quanto rappresentasse un'occasione per me. Ma per puro egoismo e opportunismo aveva scelto di salvare solo se stessa. Dovetti sedermi, ero in strada. Sgomenta. Ma successe una cosa che per me si rivelò di un'importanza estrema. Si avvicinò una donna sulla settantina e mi chiese se avevo bisogno di aiuto. Io ero vestita da Paula, ma la signora sembrò non notarlo o forse per lei non rappresentava un problema. Mi chiese di seguirla in un bar per un tè. Per tutto il tempo si rivolse a me al femminile. Ci salutammo e stranamente tornando a casa mi sentivo più sollevata, leggera. Il dolore aveva lasciato spazio alla consapevolezza. Ora ero libero di ridisegnare la mia vita. Un giorno il mio compagno mi disse che voleva cominciare il percorso di transizione, che non voleva più essere uomo. Disse che avrei dovuto farlo anch'io. Non ero convinto, a me in fondo stava bene così, un po' Paula e un po' Raphael. Decidemmo quindi di trasferirci qui a Milano dove tutto sarebbe risultato più semplice. Iniziammo a vedere uno psicologo e in un secondo momento la cura ormonale. Poi un giorno, lo stesso per entrambi, ci siamo rifatti il naso e il seno. Ma come quel martelletto che durante l'operazione mi aveva spezzato il naso, in quel preciso momento anche qualcosa tra noi si ruppe. Non sapevo cosa, ma non era più come prima, era un po' come se non fosse più un gioco. Diana, così aveva deciso di chiamarsi il mio compagno, era sempre più sfuggente. Quando glielo facevo notare mi diceva che stavo diventando paranoica.»

Chantal si alza dalla sedia, inarca la schiena e si posa un dorso della mano sulla fronte. «E qui finalmente entro in scena io» dice.

«Sì! In quel periodo ho incontrato Chantal e abbiamo iniziato a frequentarci. Confrontandomi con lei ho capito che non ero ancora pronta per l'operazione, che in me, per il momento, coesistono ancora due anime e nessuna delle due vuole rinunciare all'altra. Così l'ho detto a Diana, il mio ex fidanzato. Mi ha detto che lo aveva intuito ma aspettava che fossi io a dirlo. Che era una scelta troppo intima per essere condivisa. Diana invece aveva capito che dentro lei c'era solo un'anima, quella femminile, e lei desiderava la sua rinascita. Siamo le due facce della stessa medaglia, che per quanto mi riguarda si chiama onestà. Ognuno ha il suo percorso, i suoi tempi, la sua storia. Ero arrivata fino a lì perché volevo essere libera. Libera anche di scegliere, non seguire la scia. Anche per me era una rinascita, ma dovevo capire ancora come. Lei poco dopo è diventata Diana a tutti gli effetti, ora è bellissima ed è innamorata di uomo. Mentre io ho deciso di aspettare. È una cosa dalla quale non si può tornare indietro e quindi voglio essere libera di rifletterci ancora.»

La Carla fa partire un applauso lento. «Paula, è una storia bellissima nella sua drammaticità, è un percorso vero» dice.

«E Marika? Quando arriva?» chiede Alex.

«Marika, vuoi dirlo tu?» chiede Paula.

E io ripenso nuovamente a mio padre, che non l'avrebbe mai chiesto a mia madre.

A Marika diventano le guance rosse. Si stringe tra le spalle, con le dita prende i polsini del giubbotto militare, fa un respiro e poi si apre in un sorriso, il primo della serata.

«E poi io mi iscrivo in una squadra di calcio femminile e in giro si diceva che sarebbe arrivato un nuovo coach. Ed era Paula. All'inizio ho pensato che fosse strana, ma non perché fosse un uomo, cioè perché era nata uomo, oddio mi sto incartando, cioè non per una questione genitale. Era strana ma al contempo era vera. Mi colpiva il fatto che avesse la fierezza tipica degli uomini e la dolcezza, la capacità di accogliere tipica delle donne. E niente, io di quella donna mi sono innamorata.»

«No, dilla tutta fino in fondo, ma conoscendovi non lo direte mai voi due, figurati se vi fate un complimento.» Chantal si alza nuovamente in piedi.

«La qui presente signora Paula, perché trattasi di signora con la S maiuscola, una volta che ha capito che si era innamorata di Marika è andata dalla federazione della squadra a dire chi si licenziava perché provava un sentimento nei confronti di una calciatrice e quindi riteneva incompatibile il suo ruolo di coach. Adesso ditemi, sarò stronza, ma quanti cazzo di etero maschi conoscete che avrebbero fatto una cosa del genere? E sempre perché sono stronza, gli uomini sposati che frequento io avrebbero continuato a fare i coach e divertirsi con la calciatrice, giusto per dire.»

«Permettimi di correggerti, Chantal, non è esatto, la domanda dovrebbe essere: "Ma quante caspita di persone conoscete...", persone, persone, persone che possono essere alte, basse, gay, etero, bisessuali, lesbo, trans, uomini, donne, neri, bianchi, gialli, buddisti, belli, brutti. Persone» dice accalorata La Carla.

Riparte l'applauso e questa volta è Ebo ad accenderlo.

«Ti adorooo!!! Va' se devo prendere lezioni di civiltà da una vecchia alcolizzata, ex attrice e Miss Ferrara. Ti amo, La Carla» dice con affetto Chantal.

«Ma manca la chiosa» dice Alex.

«Hai ragione, e come in tutte le favole è a lieto fine. Si è riunito tutto il cucuzzaro e hanno deciso che sarebbero state le calciatrici, tutte maggiorenni, a decidere se accettare le dimissioni di Paula. E, come dice La Carla, proprio perché sono brave persone, hanno deciso che Paula poteva rimanere. No, aspetta: se non ricordo male, due ragazze non hanno votato, se ne sono andate e punto» dice Chantal.

In quel momento fa capolino Mata Hari chiedendo come si accendono le luci in corridoio.

Mi fiondo ad aiutarla prima che parta il terzo grado.

Quando rientro Chantal sta tenendo banco e la sento dire: «Davvero, non so nulla, è comparsa nel tardo pomeriggio, Luca ha detto che la manda il padre e basta, davvero, non so nulla di più... per me è una squillo di lusso».

«Chantal, basta ti ho detto, finiscila! Facciamo come se non esistesse, vi prego» la zittisco.

«Eppure io quella l'ho già vista, non mi ricordo dove... ma non è un viso nuovo» aggiunge Alex, meditabondo.

La deputata

Bussano alla porta della mia stanza.

È Alex tutto concitato che entra come una furia.

«È quella deputata del centrodestra che aveva detto che chi nasce gay nasce con un handicap!»

Guardo la sveglia sul comodino.

«Alex, cazzo, non sono ancora le sette, di chi parli, non capisco!»

«Mata Hariiii» risponde.

«Aspetta, dammi due minuti e ne parliamo davanti a un caffè, aspettami in reception.»

Alex mi racconta che non ha dormito tutta notte. Che è stato a pensare chi potesse essere quell'ospite dall'aria famigliare. Poi, per una coincidenza fortuita, nel cuore della notte un suo collega gli ha mandato un link dove si leggeva che la deputata Margherita Cazzaniga aveva ripetutamente evaso il fisco per diversi anni oltre ad avere una causa per sottrazione di minore.

Le foto dimostravano appunto che la nostra ospite era la Cazzaniga.

«Ti rendi conto di chi abbiamo in casa? Quella stronza che da anni sta diffamando tutte le cosiddette minoranze. Quella che ci sta praticamente facendo chiudere il sito internet solo perché noi documentiamo le sue nefandezze. Ma ora si aggiunge l'evasione fiscale e la sottrazione di minore. Da una parte sono incazzato e vorrei andare a pistarla di botte, ma dall'altra capisci che abbiamo dalla nostra un'arma potentissima? Finalmente abbiamo delle prove schiaccianti per dimostrare che merda di persona sia. Dobbiamo subito dirlo a tutti gli altri.»

«Alex, calmo, respira. Ora noi non facciamo assolutamente nulla. Ci prendiamo del tempo per pensare e decidere. Mi prometti che ora tu stai buono fino a quando non te lo dico io?»

Per prima cosa chiamo l'avvocato, volevo verificare che non stessimo sbagliando persona. Non si è sbottonato come il suo solito ma non ha nemmeno negato. Si è fatto scappare però una frase che a me ha fugato tutti i dubbi: "Ti dico solo che deve sparire per un po', fino a che le cose non si tranquillizzano".

Comunque su internet ho visto le foto di questa Margherita ed è proprio lei. Avrei potuto dire ad Alex che non me la sentivo di tirare fuori un pienone, che quello era lavoro e non potevo comprometterlo.

Il Luca di qualche mese fa lo avrebbe sicuramente fatto.

Quello di oggi no, soprattutto dopo la storia dei monitor, non potevo tradirli nuovamente.

Così invio un messaggio sulla chat comune chiedendo se potevamo vederci prima di cena e capire quale linea tenere.

Mi sorprendo io stesso di come questa cosa mi stia galvanizzando.

Fino a pochi mesi fa me ne sarei infischiato di tutto e di tutti. Ora mi sento di avere più battaglie aperte: quella con mio padre e quella contro il pregiudizio.

Chantal si presenta con una tuta mimetica, scarpe da ginnastica e una cofana biondo platino tenuta su da una bandana con dei teschi bianchi.

«Il tacco 12?» chiedo.

«Bello, in guerra si va comodi, niente orpelli. Dov'è ora il nemico?» mi fa.

«L'ho vista uscire poco prima di pranzo e non credo sia ancora tornata, ma non mi piace come l'hai chiamata, fino a prova contraria non sappiamo ancora nulla di lei» dice La Carla.

Alex si alza in piedi, prende la sua ventiquattrore in cuoio anticato e comincia a distribuire delle cartelle a ciascuno di noi.

E già me lo immagino con che solerzia al lavoro si è dato da fare per raccogliere tutte le informazioni da estendere al gruppo.

«Be', quello che c'è da sapere è raccolto in queste cartelle che ho fatto per voi al lavoro. Sono tutte le sue affermazioni pubbliche, ripeto, pubbliche, da quando è deputata. Non sono cose che ha detto al bar o a casa con gli amici. La differenza è fondamentale. Sono frasi, concetti, opinioni che ha volutamente esternato davanti a microfoni o telecamere. Per quanto mi riguarda sono sufficienti, e vanno ben oltre la cattiveria. Questa è diffamazione pura mista ad abuso di potere... io di questa donna non voglio sapere altro.»

Tutti aprono la propria cartella e cominciano a leggere in silenzio.

I loro visi si trasformano.

Secondo dopo secondo le mascelle cadono, gli occhi si sgranano.

Ebo picchia il pugno chiuso sul divano.

«PORTATEMELA QUA SUBITOOO, E VIVAAA» urla Chantal.

«Calmiamoci un po', che è un attimo passare dalla parte del torto» dice La Carla.

Ebo fa no con la testa. «È tutta la vita che mi sento dire queste infamie, ed è grazie a gente come lei che là fuori ci odiano. Parlano, sentenziano, giudicano senza nemmeno conoscerci. Carla, tu sei una persona buona, generosa, intelligente. Ma tu parti da una condizione privilegiata. Io è una vita che agli occhi degli altri sono colpevole. Colpevole di essere straniero e nero. A scuola se a qualcuno spariva la merenda la colpa era mia. Al liceo se a qualcuno rubavano il motorino la colpa era sempre mia. Se in un locale scoppiava una rissa io ero il primo fermato anche se stavo da tutt'altra parte. Tu lo sai quante volte sono finito in questura per non aver commesso nulla? No, non puoi saperlo. Vogliamo parlare delle volte che chiamavo per un lavoretto del cazzo, come cameriere o lavapiatti? Al telefono era tutto ok, poi però quando mi presentavo lo vedevo l'imbarazzo sui loro volti. Le sentivo le scuse che si inventavano, come: "Mi spiace, ma abbiamo già trovato". Peccato che passavo la settimana dopo e il cartello cercasi era ancora lì appeso. Sai quante volte mi è capitato che in metropolitana chi era vicino a me si alzava e rimaneva in piedi? Quindi io non passo dalla parte del torto perché non lo sono.»

Chantal ruba la parola a Ebo. «Guarda, per essere più chiari se vuoi possiamo fare il gioco di celo manca. Sai cos'è, La Carla? È semplicissimo, io ora dico delle cose e voi dovete dirmi se le avete vissute, quindi celo, o se invece no, manca. Giochiamo tutti e vedrai che ti basterà sentire le risposte per capire. Allora, vediamo, qualcuno vi ha mai chiamato: brutta trans di merda? O gay o nero o etero?» domanda Chantal.

Alex: «Celo».

Ebo: «Celo».

Fabiola: «Va bene anche Obesa di merda?».

Io: «Manca».

La Carla: «Manca».

«Qualcuno vi ha mai accusato di essere degli untori? Sto parlando di Aids o delle varie malattie sessualmente trasmissibili.»

Alex: «Celo».

Ebo: «Celo».

Fabiola: «Celo, di me hanno sempre detto che nun potendo sceglie' me bombavo tutti e quindi sicuramente ero appestata».

Io: «Manca».

La Carla: «Ho capito. Ora basta, trovo fuori luogo questo gioco e ironizzare su queste faccende».

«È qui che ti sbagli, nessuno sta facendo ironia e il gioco era solo per dimostrarti qual è la nostra realtà, e dalla reazione che hai avuto mi sembra che tu lo abbia capito» dice Chantal.

«Io vorrei solo che questa donna provasse, anche solo per pochi minuti, cosa proviamo noi da una vita, questo mi basterebbe. È poca roba ma per me sarebbe una grande soddisfazione e forse per lei uno spunto di riflessione» dice Ebo.

A queste parole mi si accende in testa una lampadina e chiedo a Chantal: «Hai ancora quella webcam che mi hai regalato?».

«Uhmmm, schifosino, cosa mi vuoi proporre?» mi dice con una voce sensuale.

«Cretina, ora vi spiego.»

Il mattino ha l'oro in bocca

Margherita Cazzaniga esce dal suo appartamento e la prima cosa che vede è una frase scritta a caratteri cubitali su un poster appeso sul muro di fronte:

GLI IMMIGRATI ANDREBBERO VESTITI DA LEPROTTI PER POI FARE PIM PUM CON IL FUCILE (cit. M. Cazzaniga)

Inforca il corridoio e sul pavimento sempre a caratteri cubitali legge:

GLI IMMIGRATI HANNO DEI DIRITTI MA SOLO A CASA LORO (cit. M. Cazzaniga)

Svolta il corridoio verso la reception e legge:

LA COMUNITÀ GAY HA TRASFORMATO LA PADANIA IN UN ESERCITO DI CULATTONI (cit. M. Cazzaniga)

Alla reception trova Chantal che tipo manichino tiene in mano un cartello gigante:

I TRANS CI PORTANO L'AIDS IN CASA (cit. M. Cazzaniga)

Sempre più agitata Margherita accelera il passo ed esce dall'hotel.

Un ragazzo si avvicina e le dice: «Ammazza che cesso che sei».

Subito dopo una ragazza: «Cazzo, ma fattela una doccia, puzzi come un caprone».

Infine una vecchina dal viso tenerissimo le sussurra: «Sei una eterosessuale di merda, quelle come te andrebbero confinate, fai schifo, vergognati!».

Margherita fa dietrofront e in lacrime corre a rinchiudersi nel suo appartamento.

Noi siamo da Ebo e Fabiola e utilizzando delle webcam abbiamo visto e registrato tutto.

In strada Alex ha ripreso con il cellulare.

Chantal fa il suo ingresso nel miniappartamento.

La Carla si alza in piedi. «Ora però lasciate fare a me, voglio parlarle. Sarà pure una stronza come dite voi, ma sicuramente ha delle spiegazioni da darci.»

«Vuoi anche l'uniforme da crocerossina??? Ce l'ho, sai?» dice Chantal.

L'apparenza inganna

La Carla nella chat di gruppo ci ha scritto di andare tutti in sala tv.

«Se la vecchia pensa che io ora finisco con la lingua in bocca a quella, ha sbagliato di brutto. Per me può dire qualsiasi cosa, raccontarci qualsiasi fregnaccia o disgrazia le sia capitata, di certo a me non cambia una virgola. Stronza è e stronza rimane» dichiara Chantal.

«Io non vedo l'ora di pubblicare sul nostro sito quel video» dice Alex.

«Dubito che La Carla te lo lascerà fare» aggiungo.

Proprio in quel momento entra La Carla.

«Ascoltatemi bene tutti, la vostra vendetta l'avete avuta. Ora però dovete farla parlare. L'ho convinta a venire qui. Chantal, soprattutto tu, promettimi che non la sbranerai.»

«Vuoi mettermi la museruola? Guarda che sei strana! Ci conosci, sai le nostre storie, cosa abbiamo passato, e ora sei qui che difendi una che alimenta l'odio e l'intolleranza.»

«No, è qui che ti sbagli, Chantal, l'intolleranza la si alimenta quando si etichettano le persone, lo abbiamo sempre detto nei nostri discorsi. Quindi come vale per noi deve valere anche per gli altri. All'altro va sempre data una seconda possibilità… vero Ebo? A Luca tu l'hai data e con il senno di poi hai fatto bene. L'intolleranza è negare una possibilità. Non sto dicendo che accetto il comportamento che questa signora ha avuto come deputata e come donna. Assolutamente no. Voglio solo che ci dica perché. Poi ognuno tirerà le proprie conclusioni. È questo che mi piacerebbe da voi. Credo che se ogni tanto ascoltassimo anche con le nostre orecchie e non solo quello che riportano le lingue altrui, forse si arriverebbe ad altre verità. Chantal, ma anche forse tutti voi, sapete benissimo di cosa sto parlando, perché ogni giorno siete giudicati per quello che la gente dice di voi senza conoscervi. Per piacere non fate anche voi lo stesso errore.»

Un rumore di tacchi sempre più vicini.

Margherita Cazzaniga fa il suo ingresso.

Chantal si avvicina all'orecchio di Alex: «Scarpe volgarissime, vestito cheap».

«Venga Margherita, stavamo giusto parlando di lei» dice La Carla.

«Immagino male» risponde Margherita, piccata.

«Bellaaa, la reputazione che precede quelle scarpe volgarissime non depone a tuo favore, quindi fossi in te starei molto ma molto più schiscia» ribatte Chantal.

La Carla prosegue come nulla fosse. «Si segga, signora Margherita. Le presento Chantal, Alex, Ebo, Fabiola. Luca lo conosce già» dice.

Margherita si siede e ci osserva. «Io non ho mai detto nulla contro quelle come lei» fa, indicando Fabiola.

Chantal schizza in piedi e si avvicina a pochi centimetri dal viso della donna. «Io invece su quelle come te ho sempre detto un sacco di cose e mai nessuna bella. Sei un essere schifoso, ignorante, inutile ma soprattutto pericoloso...»

Mi alzo di scatto e allontano Chantal da Margherita.

«Non ho alcuna intenzione di stare qui a sentire le fregnacce di questa specie di donna. Carla, ci vuoi spiegare perché siamo qui? Io direi che è abbastanza. Ora la signora fa le valigie e lascia casa nostra immediatamente» dice Chantal.

«Aspetta, Chantal, prima vorrei fare qualche domanda a Margherita, siediti per favore. Quando dice "quelle come lei" rivolgendosi a Fabiola cosa intende di preciso?» chiede La Carla.

«Quelle come lei, si vede, non credo io debba aggiungere altro.»

«No, no, è importante, mi spieghi meglio» ribatte La Carla.

«Quelle obese, con problemi di alimentazione, che sicuramente passano le giornate oziando con la scusa della malattia. Si ingozzano di cibo e ciondolano per casa, gravando non poco sulle casse della sanità pubblica.»

Questa volta è Ebo ad alzarsi di scatto, ma La Carla lo intercetta con lo sguardo e lui si risiede.

«Un'altra domanda, mi scusi, mi può dire chi vede in questa stanza?» continua La Carla.

«Ma cos'è il gioco "Indovina chi"?»

«Sì, diciamo che è quel gioco lì, mi dica» incalza La Carla.

«Vedo una trans tutta rifatta, un nero, un'obesa. Lui dai vestiti che indossa e da come incrocia le gambe credo sia gay.»

«Io chi sono?» chiede La Carla.

«In che senso?» ribatte Margherita.

«Provi a definirmi.»

«Be', una signora anziana, in là con gli anni, ma da come è vestita e dal portamento si intuisce che è una persona per bene.»

«Quindi lei giudica le persone da come si vestono e da come si muovono...»

La Carla comincia a spogliarsi.

Si leva il foulard che ha al collo.

Poi si leva le scarpe.

Toglie la maglia di cachemire.

Si sfila i pantaloni neri, la t-shirt bianca e i collant, rimanendo in mutande e reggiseno.

E infine si leva anche la protesi dentaria.

Tutti siamo sbigottiti, increduli, e non sappiamo minimamente dove La Carla voglia andare a parare.

«E ora cosa vede? Non sono più vestita e sono immobile. Mi dica, facciamo finta che lei mi veda per la prima volta ora. Cosa vede? Non si faccia problemi, parli liberamente.»

Margherita più volte sembra iniziare una frase ma poi inspirando si trattiene.

«Coraggio, gliel'ho chiesto io, tranquilla» dice La Carla.

«Vedo una vecchia, con un fisico flaccido senza ormai più nessuna sembianza di donna. I seni cadenti, la pancia molle, le gambe come due stuzzicadenti piene di macchie e di croste» risponde Margherita.

La Carla inizia a rivestirsi piano piano.

«Vede, credo che il suo problema sia esattamente questo, lei non vede le persone, ma solo quello che per lei rappresentano. Le persone sono molto di più. Inoltre sono convinta che il suo credo non l'abbia sperimentato, forgiato da sola, ma che lo abbia assorbito da gente a lei vicina. Gente come lei cieca e sorda. Credo che il suo problema sia l'ignoranza, non nel senso dispregiativo del termine, ma in quello etimologico. Lei ignora cosa o chi ha davanti. Peggio, a lei non interessa andare oltre a ciò che superficialmente vede. Badi bene, questo non è un crimine. È semplicemente un dato di fatto. O si nasce curiosi o non lo si può diventare. Ma si trasforma in un crimine quando una come lei decide di mettersi in politica. Quando la sua superficialità non la fa arrivare alla verità delle cose. Quando lei fa da cassa di risonanza all'ignoranza. Anzi lei l'alimenta. Io di politica ne so poco e francamente non mi è mai interessata più di tanto. Ma le cose le so riconoscere e distinguere. Per me chi fa politica dovrebbe essere mosso da una passione come quella del medico, dello scienziato, dell'insegnante. Sono i lavori più difficili del mondo ma al contempo quelli più utili perché rimettono al centro l'uomo e i suoi diritti: la salute, la conoscenza, l'istruzione. Chi sceglie di fare questo lavoro deve innanzitutto andare oltre le etichette, i luoghi comuni, il sentito dire. Per primo lui deve essere vergine da preconcetti. Deve essere per primo lui a intercettare l'ignoranza per poi fornire gli strumenti per poterla combattere. Il politico ha un dovere, elevare la società, proteggerla ed emanciparla, magari facendo anche scelte difficili, impopolari. Deve essere un traduttore delle esigenze delle persone, deve saperle tradurre per tutti quegli ignoranti che come lei si fermano a una prima lettura superficiale. Le ho già detto che la politica mi interessa poco ma voglio spiegarle perché, non vorrei risultare una qualunquista qualsiasi. Sa come valuto i politici? Banalmente da quello che dicono, da come pensano, da come agiscono. E se questo loro operato non mi stimola una riflessione ma, anzi, mi fa sentire che come persona sono meglio di loro, allora per me non valgono. Il medico ne sa più di me, allora mi fido perché al suo cospetto mi sento ignorante. Stesso discorso per l'insegnante e lo scienziato. Ma se io non voglio fare politica, perché non mi ritengo all'altezza, e al contempo mi sento migliore di molti di voi, capisce che c'è qualcosa che non va? Allora forse qualcuno di voi ha sbagliato mestiere e lo ha scelto solo per comodità. Un politico, prima di esternare, e Dio sa quante ne abbiamo sentite da gente come lei, dovrebbe conoscere, valutare e poi offrire delle soluzioni, delle alternative. Invece no, ultimamente la moda è sparare a zero. Provocare. Cavalcare il malcontento senza andare a fondo del perché si generi, senza offrire rimedi ma anzi alimentandolo. Siete ignoranti. Capisco che conquistare conoscenza e consapevolezza sia difficile per voi, ma è un dovere. Troppo facile giustificarsi dicendo: "Ma questo è quello che percepisco andando a parlare con le persone". Molte persone parlano per paura, per ignoranza, ma voi non dovete alimentare queste dicerie. La paura genera paralisi o violenza. Alda Merini, che mi auguro sappia chi sia, diceva: "Mi piace scegliere con cura le parole da non dire". Perché le parole hanno un senso e un potere. Le parole influenzano, forgiano, soprattutto se chi le dice ha un ruolo di potere. Gente come voi non può alimentare l'odio, l'indifferenza e l'intolleranza. Gente come voi dovrebbe fornire soluzioni a queste problematiche. Badi bene, non sto dicendo che i trans, gay, neri o quello che vuole lei siano tutte brave persone. Sto dicendo che se continuiamo a fomentare questo clima di odio nei loro confronti per loro sarà più difficile trovare una strada per sentirsi sereni e cittadini come tutti gli altri. Sarò banale ma se io educo un bambino a suon di botte è quasi matematico che la violenza sarà il suo linguaggio primario. Le persone a cui non date la libertà poi finiscono per prendersela da soli e qui può scoppiare il caos. Per concludere, voglio aggiungere una cosa. Come diceva lei, è vero, credo di essere una signora per bene che ha avuto una vita molto fortunata. La mia priorità è stata quella di impartire un'educazione e un futuro ai miei figli e credo in parte di esserci riuscita. Ma in questi pochi mesi, qui, mi sono resa conto che quello che mi danno queste persone, i miei figli, con tutto l'amore che posso provare, non me l'hanno mai dato. E non li sto giudicando, sto solo raccontando una realtà. Le realtà si possono raccontare anche senza ferire» chiude La Carla.

Margherita non sembra per niente impressionata: «Bella favola ma, mi permetta, da quanto tempo non esce dalla sua gabbia dorata per mischiarsi in strada con la gente normale? Provi a farsi un giro sui mezzi, in periferia, e guardi il degrado di questa città: là fuori ci vuole ordine, pulizia. Occorre far rispettare delle regole».

Questa volta è Alex ad alzarsi. Prende fiato, fa una pausa e si leva gli occhiali. Flette il busto un po' in avanti e congiunge le mani come stesse pregando. «Eh no!!! Da lei e da quelli come lei la morale e il rispetto delle regole anche no. La libertà è una forma di disciplina. Sbaglio o è lei che ha frodato il fisco? Sbaglio o è lei che ha rapito suo figlio? Sbaglio o è lei che è arrivata alla politica non per merito o competenze, per lo meno non quelle che servono per una carriera politica? Sbaglio o è lei che si sta nascondendo? Sbaglio o il suo partito l'ha relegata qui in attesa che si insabbino tutti questi reati? Le sembrerà strano ma in questa stanza tutte le persone presenti, che lei giudica non solo meno di zero ma anche pericolose, pagano regolarmente le tasse e sono incensurate. Possiamo dire la stessa cosa di lei? Non credo! Quindi scenda dal suo piedistallo di sabbia e mi dica, ora, chi sono i buoni e i cattivi?»

Avevo sentito poche volte Alex prendere la parola così, di sua iniziativa. Non perché non sia coraggioso, ma perché lui solitamente è più riflessivo, più pacato.

È il piccolo della casa.

Si vede che questa faccenda gli sta a cuore, che forse lo sta tormentando da tempo, sul lavoro e nella vita privata.

Ma anche quando si scalda in lui rimane qualcosa di tenero, goffo, adolescenziale, come se volesse scusarsi per essersi fatto sentire. «Stai bene attento tu, non ti permetto di parlare di mio figlio, tu non sai nulla di questa vicenda» dice Margherita, alzando la voce.

Alex diventa rosso e sembra aver accusato il colpo. Ebo gli va in soccorso: «Esattamente come lei non sa nulla di noi o di quelli come noi. Perché per lei dovrebbe essere diverso? Si crede una persona speciale? Una eletta?».

«Mio figlio è la mia vita e lui me l'ha portato via, e cosa fa una madre sensata? Se lo va a riprendere. Voi non l'avreste fatto?» dice Margherita.

A questo punto Alex si fa nuovamente coraggio e riprende la parola: «Veramente io ho un'altra versione. Suo figlio era con il padre perché lei in quel periodo non aveva tempo da dedicargli. Era troppa presa dalla sua campagna politica fatta per lo più di cene e feste nei palazzi del potere. So anche che ha chiesto lei al suo ex marito di tenerlo fino a che le cose non si fossero calmate, ma se vuole smentirmi sono pronto ad ascoltare».

«Certo, difendi mio marito perché è esattamente come te» sbotta Margherita.

«Bingo!!!» esclama Chantal.

«Oddio, amo', non ho capito» dice sottovoce Fabiola a Ebo.

«Quindi come gay va punito, giusto? Ma mi dica, ora dov'è suo figlio? Non mi sembra che viva qui e nemmeno che lei in questo momento sia oberata di lavoro» riprende Alex.

Margherita scoppia a piangere.

La Carla le si avvicina e le offre un fazzoletto di carta.

«Ho sbagliato tutto, lo amavo ma in fondo sapevo che era gay. Lui era come incastrato in una vita non sua, di cui non riusciva a disfarsi. Non l'ho lasciato libero di esprimersi e credevo che sarei riuscita a cambiarlo. Ero sicura che il tempo avrebbe sistemato tutto. Poi sono rimasta incinta e quando mi ha chiesto se fosse giusto tenerlo io non ci ho pensato un attimo. Ero sicura che un figlio sarebbe stato la soluzione a tutti i nostri problemi. Che sarebbe diventato un ottimo marito e padre. Ma si è complicato tutto.»

«Tu non solo sei una deficiente, ma una pazza criminale egoista» commenta Chantal.

«Continui» la incoraggia La Carla.

«Lui stava sempre a dirmi che eravamo una coppia anomala, che lui non sarebbe riuscito a darmi tutto quello di cui avevo bisogno. Che un conto eravamo noi due, ma con il bimbo sarebbe stato tutto diverso. Che non stavamo pensando alle conseguenze. Poi Nicolò è nato e lui era così bravo col bimbo, così paziente e saggio. Era sempre presente e trovava una soluzione per tutti i problemi che si presentavano. Io invidiavo il loro rapporto. La prima parola che Nicolò ha detto è stata papà. Ma tra noi non era più la stessa cosa. In comune ormai avevamo solo il figlio. Poi mi si è presentata l'occasione della politica. E quella è stata la nostra fine. Lui non appoggiava la nostra linea e diceva che era retrograda e dannosa soprattutto per nostro figlio. Diceva che Nicolò non stava crescendo proprio in una famiglia tradizionale e che forse un domani avrebbe preteso delle spiegazioni.»

«Cioè, famme capi', tu celebri la famiglia, diciamo, tradizionale e uccidi quella, diciamo, arcobaleno pur avendo deciso di mettere al mondo un figlio con un padre gay? Ammazza che pelo sullo stomaco che c'hai, a me la gente come te me fa paura» dice Fabiola.

«Era l'unico modo per salire su quel carro. Era la prospettiva di un futuro migliore, forse anche per mio figlio» risponde Margherita.

«Scusi se mi permetto ma qui ha fatto il suo primo errore» interviene La Carla. «Come le dicevo prima, la politica è una missione, non è un impiego come un altro. Bisogna avere la vocazione, pensare di essere la persona che può fare la differenza, non solo un altro numero.»

«Mi avevano assicurato che mi avrebbero aiutato, istruito, dato tutti gli strumenti necessari. Loro mi avrebbero detto cosa dire, cosa fare. Avevano bisogno di facce nuove e giovani per parlare alla pancia del Paese. Le nuove generazioni si sarebbero identificate più in me che in altri. Comunque sta di fatto che io e mio marito ci siamo lasciati. Lui è tornato in Spagna nella casa della madre.» Margherita si gira verso Alex: «Sì, è vero, gli ho chiesto io se poteva tenere Nicolò e lui chiaramente ha accettato. Nel frattempo io mi esponevo sempre di più contro gli omosessuali e le famiglie arcobaleno. La mia paura era che venissero a scoprire che avevo avuto un figlio da un gay. Per me sarebbe stato un passo falso, avrebbe minato la mia credibilità politica. Ne parlai con quelli del partito, che mi consigliarono di girarla a mio favore. Di raccontare una versione diversa, che quell'uomo mi aveva ingannato sin dall'inizio e che mi aveva sottratto il figlio. Io dovevo passare come la martire che era stata imbrogliata, la brava madre preoccupata che il figlio crescesse nel peccato. Così ho fatto. Un giorno ho preso l'aereo e sono andata a Madrid, ho finto di uscire con mio figlio per una passeggiata e invece siamo andati in stazione e l'ho caricato su un treno. Mio marito mi ha mandato un sms che diceva: "Non sai il male che mi fa, ma sono costretto a procedere per vie legali. Nostro figlio non si merita una madre bugiarda"».

«Ohhh, finalmente un uomo con i controcoglioni» dice Chantal.

«E ora?» chiedo io.

«Ora aspetto che il tribunale dei minori decida a chi affidarlo, ma quasi sicuramente...» Margherita non riesce a proseguire e scoppia ancora in un pianto disperato.

Ebo si alza in piedi, cammina per la stanza.

«Mi spiace, per lei, per suo marito e per suo figlio, ma non posso dimenticare le sue esternazioni razziste. Non riesco a trovare delle giustificazioni ai danni che lei e la gente come lei state facendo a quelli come me, ma anche a tutta l'Italia. E il mio disprezzo si acutizza proprio perché è donna. Nel mio Paese, ma credo anche nel vostro, la donna è simbolo di accoglienza. In lei vedo solo una persona arida, arrivista ed egoista. La gentaglia come lei non capisce che includere non è rassegnarsi, non è perdere una battaglia, semmai è arricchirsi di nuove forme di libertà, anche per suo figlio. Scusate, ma io non voglio più condividere lo spazio con questa persona.» Ebo lascia la stanza.

È il turno di Fabiola, si alza e dice: «Io con le parole nun so' brava. Ma condivido quello che ha detto Ebo, che anche se arriva da n'artra cultura e Paese ha detto una cosa fondamentale. Mo' però lo vojo di' in italiano perché per me è importante. Quando attacchi me dandomi dell'obesa e parassita dello Stato o attacchi Chantal perché trans, nella tua testa bacata, è sinonimo di prostituzione e di portatrice di malattie sessualmente trasmissibili, be', offendi tutte le donne. Perché è vero che molte trans si danno alla prostituzione. Come è vero che molte donne eterosessuali si danno alla prostituzione. E sai perché? Perché molto spesso noi donne viviamo situazioni più complicate degli uomini. E a fronte di molte prostitute che lo fanno, diciamo per scelta, ci sono migliaia e migliaia di altre che lo fanno per necessità. Queste non hanno potuto scegliere. Margherita, tu sei donna e forse questo dovresti capirlo più di tutti gli altri. E invece che hai fatto? Nulla. Tu non solo hai puntato il dito sulle altre donne. Hai fatto peggio. Hai abusato della tua posizione di politico per sgomitare, per imbrogliare e per innaffiare solo il tuo orticello. Anche a me spiace per tuo figlio e tuo marito ma per te, scusami, no. Io da una donna come te non mi sento né rappresentata né tutelata. Io oggi mi sono pesata e da quando sono qui ho perso dieci chili, tu quali obiettivi hai raggiunto in tutti i tuoi anni di carriera politica? Lasciatelo dire da una donna, nessuno».

E anche Fabiola se ne va.

Ora tocca a Chantal. «Be', un successone, per una che gioca a fare politica direi un bel risultato. Io da questo incontro non mi aspettavo nulla e se sono rimasta fino alla fine è perché ho una grande stima per questa donna che le sta seduta vicino. La Carla, però, nel suo discorso ha commesso un errore, quello di dire che lei di politica non ne capisce nulla. Invece credo che in pochi minuti La Carla ha dimostrato di avere più talento di lei con tutti i suoi anni di carriera. A lei, per quanto mi riguarda, manca un requisito fondamentale: la capacità di pensare. Lei vomita, non parla, perché purtroppo lei non è in grado di decifrare la realtà con la propria testa. Lei attiva il cervello solo quando deve fregare la gente, compresi i suoi cari. Lei e quelli come lei giocano, sono capaci solo di provocare. E lo dico io che ho basato la mia esistenza su questo. Mi guardi, io mi travesto da provocazione ogni giorno. Ma lo faccio per stimolare un pensiero, una reazione. Non di certo per ergermi migliore degli altri. Per scuotere le menti atrofizzate di quelli come lei e i suoi amichetti. Voi invece provocate perché fondamentalmente non avete nulla da dire, dovete solo sopravvivere e giustificare lo stipendio che prendete, e ogni tanto sparate una marea di cazzate sicuri di essere applauditi. Vuole un consiglio da una povera trans? Si occupi di suo figlio, si apra una merceria e venda pizzi e merletti, magari lì non fa danni. Alex, devi aggiungere qualcosa?»

«Solo una cosa, c'è arrivato prima il Papa di voi, bigotti del cazzo!»

Sorpresa dall'imprecazione di Alex, Chantal lo prende per mano e insieme abbandonano la sala.

«Mi sembra di capire che me ne devo andare da qui» dice Margherita.

«Per quel che mi riguarda lei può continuare a soggiornare qui, ma non credo sia questo il problema che deve risolvere. In ogni caso decida pure in tutta tranquillità e me lo faccia sapere» rispondo io.

Sirene

La situazione a casa si è normalizzata e la vita ad Asfaltilandia ha ripreso il suo tran tran più o meno tranquillo.

Chiaramente l'avvocato, servo del potere, si è fatto risentire.

Voleva sapere come mai Margherita avesse deciso di lasciare la struttura e il suo tono presagiva che la colpa fosse nostra. Gli ho spiegato che io non ne sapevo nulla, che avevamo garantito la sua privacy e bla bla bla. Lui ha ribadito che mio padre non era assolutamente contento di come stavo gestendo la struttura, che le entrate erano terribilmente sotto le sue aspettative e soprattutto che era preoccupato degli affittuari che vi dimoravano.

Che il vicinato cominciava a lamentarsi.

Insomma si stava verificando quello che volevo, il problema era che io non sapevo più se lo volevo, non per lui ma per tutti noi.

Margherita se n'era andata tre giorni dopo il discorso fatto tutti insieme e mi aveva consegnato una lettera da dare alla Carla. Lei ha aspettato che ci fossimo tutti e prima di iniziare a cenare ce l'ha letta.

Diceva che non se la sentiva di rimanere, che in parte capiva di aver sbagliato ma comunque esortava La Carla a scegliere le sue amicizie con più attenzione, insomma in soldoni temeva che La Carla fosse troppo credulona e che sbagliasse a riporre così tanta fiducia in noi. Chiudeva la lettera dicendo che si trasferiva da un'amica in campagna e che sarebbe stata lontana dalla politica per concentrarsi solo sulla questione del figlio.

Sono sicuro che la Fenice sarebbe rinata in altre spoglie, magari cambiando anche colore politico pur di rimanere salda alla poltrona. Insomma, il lupo perde il pelo ma non il vizio.

Chantal questa mattina ha mandato al gruppo questo messaggio: "Oggi è il 31 ottobre: Halloween. Avete tempo fino a stasera alle ventuno per trovare uno straccio di vestito, al resto penso io. Ribadisco, il Dresscode Halloween è obbligatorio FUCK U!!!! Diamanti diamanti diamanti".

Peccato che: 1) oggi non è il 31 ottobre e 2) ho sempre detestato Halloween come tutte le feste importate dall'America. Che ci azzecca con noi dolcetto e scherzetto, gli scheletri, i pipistrelli e tutte quelle stronzate lontane anni luce dalla nostra cultura? Siamo un Paese dove la simbologia religiosa è massicciamente presente, parlo delle madonne nelle case, dei crocifissi, dei pizzi con sopra le immagini dei santi, degli ex voto... Insomma, nella nostra cultura sono più famosi gli esorcisti che le zucche con gli occhi e la bocca.

Chiaramente tutti hanno risposto chiedendole se si fosse bevuta il cervello e suggerendole di guardare la data di oggi sul calendario.

La sua replica è stata: "Siete noiosi come la merda, avete creduto fino a pochi anni fa a Babbo Natale, ai ragni velenosi nel tronchetto della felicità, che Elvis Presley fosse ancora vivo ma, soprattutto, credete, ogni giorno, che il viso di Barbara d'Urso è come quello che vedete in tv. Quindi ditemi perché minchia oggi non può essere il 31 ottobre. Basta, mi annoiate, a dopo. Diamanti, diamanti, diamanti".

Ci mancava solo la grana di pensare a cosa mettermi per questa sera.

Non ho mai avuto molta fantasia. Oggi indosso una canotta bianca a costine, un paio di jeans e un giubbotto di pelle.

Ma grazie al ketchup trovato in cucina ho risolto tutto:

mi sono travestito da serial killer, con tanto di ascia (quella da sfondamento rubata alla parete).

Arrivano in reception Ebo e Fabiola. Lei indossa una pelliccia ecologica e sotto un costume olimpionico fucsia. In testa una parrucca bionda e liscia.

«Cos'è quello sguardo? Giura che nun stai a capi' chi so'? Guardami bene» mi dice.

Fa cadere la pelliccia a terra, si toglie le ballerine che indossa e a piedi nudi fa una giravolta su se stessa.

«Nulla? Oh, mado', so' Barbie olimpionica!» dice.

«E cosa c'entra con Halloween?» chiedo.

«Mo' dimme che c'entra il 27 marzo cor 31 ottobre?» risponde.

«Hai ragione anche tu, quindi Ebo tu sei...» chiedo.

Ebo indossa una giacca stampata gialla, camicia e pantaloni a zampa d'elefante bianchi. Una parrucca biondo grano con ciuffo e ai piedi dei mocassini lucidi.

«Ken, il fidanzato di Barbie» risponde.

Ecco anche Alex e La Carla. Lui indossa un mantello con cappuccio rosso e una maschera sinistra sul viso. Lei una tunica bianca sbracciata, una parrucca nera a siluro con dei fulmini bianchi laterali.

«E voi chi siete?» chiedo.

«Se ti dico Fidelio? Ci arrivi?» risponde Alex.

«Oddio, sembra il nome di un'assicurazione» rispondo.

«Deficiente, era la parola d'ordine nel film *Eyes Wide Shut*. Sono l'officiante e La Carla è la moglie di Frankenstein.»

«A me sembra che siamo un gruppo di psicopatici, punto» dico.

All'ingresso della struttura si ferma un pullman nero con i vetri oscurati. Si apre la porta automatica e ne fuoriesce una voce amplificata, come se arrivasse da un microfono.

«"Dinanzi a me non fuor cose create se non etterne, e io etterno duro. Lasciate ogne speranza, voi ch'intrate."»

«Questo è Dante, Inferno, canto tre» dice La Carla.

«Veramente a me sembrava la voce de Chantal» replica Fabiola.

Usciamo, e ad attenderci al posto di guida troviamo Chantal.

Ha dei codini biondo platino alla Lolita, ma con le punte azzurre. Una sorta di bomber bicolore rosso e blu. Una t-shirt con una scritta deformata a causa della sua sesta. Dei pantaloncini corti aderenti rossi e il solito tacco 12 blu. Sul cruscotto una mazza da baseball tutta tatuata.

I primi a salire sono Fabiola ed Ebo, poi La Carla e Alex e infine io.

«Allora, vediamo chi abbiamo. Una lottatrice di sumo con Don Johnson di *Miami Vice*, viaaa!!! Salite! Tu, Carla? Ho capito anche se non ricordo il nome, dai aiutami, quella che in tv cerca o vende casa, anche se a dir la verità dovrebbe impiegare il suo tempo a cercare un parrucchiere bravo. Quella con quella frezza bianca in testa, con quella voce che sembra una cornacchia... Viaaa!!!! Sali!!!! Alex???!!! Perché ti sei vestito da tentatore di "Temptation Island"? E infine un pizzaiolo sporco di sugo con l'accetta, viaaa!!! Salite!!!»

«E tu chi saresti? La versione trans di Britney Spears in *Baby One More Time*?» le chiede Alex.

«Tu sei frocio e pure stupido, innanzitutto non nominare invano il nome della Santa» e facendosi il segno della croce dice per tre volte: «Toxic, toxic, toxic, perdonalo Britney. Sono Margot Robbie alias Harley Quinn o viceversa, non ricordo, nel film *Suicide Squad*, ma capisco che per te la citazione sia troppo alta, SIEDITI!!!» urla.

Nei sedili posteriori hanno già preso posto Paula vestita da Morticia Addams e Marika, che è vestita esattamente come l'ultima volta ma a 'sto giro ha una ragnatela disegnata in faccia.

Chantal chiude le porte automatiche e sgomma in questa notte umida e ancora freddina di primavera.

«Ci puoi spiegare dove ci stai portando e a fare cosa?» chiede La Carla.

«Liberati da questa ossessione del controllo e per un giorno vivi quello che il futuro ma, soprattutto, l'ignoto ti riservano. Hai deciso di mollare la tua reggia in centro per vivere la vita? Vivila e taci! Ginooooo, tocca a te» dice urlando Chantal.

Dal bagno del pullman esce un ragazzotto che indossa solo un perizoma a forma di proboscide d'elefante. Su una mano regge un vassoio con una bottiglia di champagne, dei bicchieri e delle sigarette fatte a mano.

«Rilassatevi e in attesa di giungere a destinazione il nostro direttore di crociera vi offre del vino e delle sigarette magiche» dice Chantal al microfono, con un fare da hostess di volo.

Gino si avvicina alla Carla.

«Vino? Sigaretta?»

«Grazie, solo un goccio. Mi scusi, in che senso magiche?» chiede La Carla.

«Trattasi di cannabis Killer stress, una varietà perfetta per superare, appunto, i sintomi dello stress. È coltivata in Puglia e ha una moderata concentrazione di THC che fa sentire pacati, concentrati e vigili. Per onestà è mio dovere avvisarla che potrebbe provocare leggeri effetti psicoattivi ma al contempo le posso assicurare che non genera ansia o paranoie. Essendo a predominanza sativa è chiaro che offre una stimolante euforia ma sempre facile da gestire» spiega Gino.

«Oh, finalmente un giovane che mette passione nel suo lavoro. Grazie per la spiegazione esaustiva e soprattutto per la proprietà di linguaggio usata. Lei è proprio l'esempio che l'abito non fa il monaco.» La Carla prende una sigaretta e se la mette nella tasca della tunica.

Dopo circa trenta minuti di viaggio imbocchiamo una stradina di campagna con delle luci a forma di sacchetti del pane che ci direzionano verso una struttura che sembra una fabbrica dismessa.

Davanti alla fabbrica una croce alta e infuocata.

«Benvenuti a Salem» dice Chantal, aprendo le porte.

«Mo' che è Salem?» domanda Fabiola.

Alex si spertica in una spiegazione che vi riassumo per

non annoiarvi. Salem è una città che si trova negli Stati Uniti, nello Stato del Massachusetts, e divenne celebre alla fine del 1600 per il processo alle streghe. Furono messe al rogo più di una ventina di persone. Da allora questa città ha una nomea spettrale e molti film dell'orrore sono poi stati girati qui.

«Scusa, Alex, ma qui siamo a Milano o comunque nell'hinterland, cioè, o quer pullman era un razzo della Nasa o io continuo a non capi'» dice Fabiola.

«Fabiola, se credi di poter assomigliare a Barbie olimpionica puoi anche credere che qui siamo a Salem, vai CAMMINAAA!» risponde Chantal.

Entriamo in questo stanzone enorme illuminato solo da candele e da funghi che lo riscaldano. Al centro della stanza c'è una tavola imbandita a forma di croce. Altri ragazzotti tipo Gino ci accolgono e ci fanno accomodare e cominciano a servirci del cibo e del vino.

A un certo punto Chantal chiede l'attenzione di tutti, si alza con un calice in mano e dice: «Grazie per essere venuti. Per me questa è una serata speciale. E ho preteso che vicino a me ci fosse quella che io definisco ormai la mia famiglia. Ho una buona notizia. Un sogno che si avvera. Siamo qui perché ora inizierà una sessione fotografica per il lancio della mia nuova linea di creme dal nome "Beautiful Monster". Chiaramente chi non vuole partecipare è libero di farlo. Mi piaceva solo condividere questo progetto con persone vere piuttosto che prendere i soliti modelli freddi e impersonali. Come incentivo, oltre a questa piacevolissima serata tra amici, per chi dovesse accettare c'è una fornitura completa per un anno intero della mia linea di creme, validissima anche per gli uomini. Anche se, come sapete, l'uomo ha più ghiandole sebacee delle donne e quindi ha una pelle più grassa e più incline all'impurità».

La Carla ascolta ammirata Chantal e ogni due per tre fa partire un applauso.

Sarà per il cibo, il buon vino che scorre a fiumi o per le

sigarette magiche, ma tutti siamo entusiasti di poter essere protagonisti di questo progetto di Chantal che in parte sentiamo anche nostro.

Inizia la sessione fotografica ma da quel momento i miei ricordi sono molto confusi. Rammento solo che a un certo punto la situazione era questa: Marika distesa sulla tavola con i polsi legati tra gli avanzi del cibo.

Chantal in piedi sul tavolo, sopra di lei, con la mazza da baseball e le gambe divaricate sopra la testa di Marika.

Alex e La Carla, seduti a tavola, con in mano delle posate e protesi su Marika simulando di mangiarla.

A lato, Paula, tipo sigarettaia, con legata al collo una cassetta piena di barattoli di crema Beautiful Monster intenta a pregare con gli occhi rivolti al cielo.

Sullo sfondo io che brandisco la scure contro Ken e Barbie olimpionica.

Chantal lo avrebbe definito un'opera di LaChapelle, anche se poi si sarebbe subito corretta con un LaChaperd.

Poi rumori di sirene.

Entrano una decina di poliziotti armati fino ai denti.

La scena è veramente realistica. Se non fosse un set fotografico ci sarebbe sicuramente da preoccuparsi.

Il copione continua con il placcaggio dei poliziotti su ognuno di noi.

La Carla ride, si diverte e in loop grida cose tipo: «Ma è meraviglioso tutto ciò. Mi sembra di essere tornata giovane come quando facevo l'attrice».

Alex fa battute sul pacco dei poliziotti urlando: «Sì, arrestatemiii!».

Ebo ruba un berretto del poliziotto e lo lancia come un frisbee.

Fabiola passa la sigaretta magica a una poliziotta.

L'unica che non ride, cominciando a mostrare segni di panico, è Chantal.

La conferma che i poliziotti non sono attori arriva quando vedo che i fotografi alzano le mani.

In pochi secondi capiamo la situazione. Tutti tranne La

Carla, che continua a pensare che sia ancora fiction e, fuori come un balcone, urla: «La Diva è tornata!».

A ognuno di noi vengono tolti il cellulare e i documenti. Ci fanno salire ognuno su un'auto blu.

Una volta in macchina provo a chiedere spiegazioni ma i due poliziotti davanti mi consigliano di stare zitto per non peggiorare ulteriormente la situazione.

Arrivati in questura vengo portato in una stanza sotterranea, e poco dopo arrivano anche Ebo, Alex e tutti gli altri.

Ci intimano di non parlare tra noi, e quattro poliziotti non ci perdono di vista nemmeno per un secondo.

Chiedo se posso andare in bagno e mi rispondono con un no secco.

Poi chiamano Alex e non lo vediamo più tornare.

A turno portano via ognuno di noi.

Domando che ore sono ma nessuno mi risponde.

Io sono l'ultimo.

Mi conducono in una stanza e mi lasciano lì da solo.

L'orologio sulla parete segna le quattro del mattino.

Dopo circa un'ora finalmente arriva qualcuno.

Devo raccontare la mia versione dei fatti, nel modo più minuzioso possibile, fin nei minimi dettagli.

L'orologio segna le cinque e venti del mattino.

Finalmente alle sei e trentacinque finisce l'interrogatorio.

Il commissario mi sembra ora più morbido, mi dice che conosce mio padre. Ne approfitto e chiedo spiegazioni. Mi rivela che hanno avuto una segnalazione da un contadino che ha dei campi vicino alla fabbrica dismessa. Il contadino ha visto arrivare gente strana, sporca di sangue e mezza nuda. Preoccupato, si è avvicinato e ha spiato all'interno. Nella segnalazione parlava di riti satanici e atti osceni. Ha pure scattato delle foto con il cellulare e le ha mostrate alla polizia.

Io rido ripensando alla situazione.

«C'è poco da ridere. Ora che tutto è stato chiarito rimane comunque il problema della droga, ma per fortuna non è un suo problema, la signora Bonomi ha ammesso di averla comprata lei e dovrà risponderne nelle giuste sedi» mi dice il commissario.

Esco e trovo tutti lì ad aspettarmi.

L'immagine che mi si para davanti è a dir poco spettrale. Sta albeggiando e la luce pallida del sole fa risaltare maggiormente l'aspetto disfatto dei miei amici.

«Mi spiace, sono mortificata... è tutta colpa mia, vi ho trascinato in un bel casino» dice Chantal, e sembra veramente mortificata.

«Casinoooo? È stata la notte più divertente della mia vita» risponde La Carla.

E noi non possiamo fare a meno di scoppiare a ridere tutti insieme.

«Non so a voi, ma a me è venuta una fame assurda» dice sempre La Carla.

«Si chiama fame chimica» precisa Alex.

«Non so se è chimica, fisica, mistica o altro, ma ora facciamo così: chiamate dei taxi, il primo lo prendiamo io e Alex così corriamo a casa e vi preparo un bel piatto di aglio, olio e peperoncino, accompagnato da un ottimo bianco siciliano, un Midor Catarratto. Paula e Marika, stanotte, insomma oggi, voi rimanete da noi.»

E mentre i due salgono sul taxi sento La Carla chiedere ad Alex: «Com'è che l'ha chiamata quella sigaretta, killer come? E poi, tu il cellulare di Gino ce l'hai?».

Hangover

Per fortuna che è domenica.

La casa è ancora avvolta nel silenzio.

Solo La Carla è già sveglia e sta preparando qualcosa da mangiare per quando la ciurma si alzerà. Io sono il primo a farmi vivo.

«Buongiorno, come ti senti?» mi chiede La Carla.

«Come un cellulare che ha solo una tacca di batteria» rispondo.

«Bevi un bel bicchierone di quel liquido che c'è nella caraffa» mi dice.

«Cos'è?» domando.

«Acqua, limone e zenzero. Sto preparando delle uova alla benedict, un'insalata di frutta e dei muffin ai mirtilli, poi, semmai ci venisse fame più tardi, ci organizzeremo.»

La Carla è proprio una persona speciale, la sua presenza qui non solo è fondamentale, ma è riuscita a mettere in connessione tutti noi.

Ha fatto un gran lavoro. Lei sa tirare fuori il meglio di ognuno di noi per mostrarlo al mondo. Non ci ha mai giudicato, ci ha solo e sempre ascoltati e invitati al confronto.

Anche mia nonna aveva questa caratteristica. Comincio a pensare che questa qualità appartenga solo alle vecchie generazioni e temo che in parte sia andata perduta.

«Grazie, Carla» le dico.

«Prego, ma veramente non ho fatto nulla di che» mi risponde.

«Non mi riferisco alla colazione, ma a quello che stai facendo qui con noi.»

«Grazie a te. Non sapete invece quanto io sia grata a voi. Non mi sarei mai aspettata che la vita potesse regalarmi quest'altra occasione. Voi siete giovani e credo non sia facile per voi capire che il lusso più bello che ti può capitare a qualsiasi età è sentirti utile. Vedere che il tuo tempo non lo stai sprecando.»

«Sì, comincio a capirlo, ed è soprattutto per questo che ti dico nuovamente grazie. Tu sei riuscita a farmi svegliare da un letargo che durava da anni.»

Chantal, a piedi nudi e con indosso un kimono rosso con dei dragoni gialli, fa il suo ingresso in sala da pranzo.

«Che ore sono?» chiede.

«Quasi le tre del pomeriggio» rispondo.

«Sto una merda, ma perché anziché inventare il nuovo modello di telefonino non inventano una pillola per l'hangover? Ormai c'è tutto per il giorno dopo, dalla pillola a...»

«Che cosa è l'hangover?» chiede La Carla.

«Semplicemente il post sbornia» rispondo io.

«E allora chiamatelo così! Non capisco perché la nostra lingua stia lasciando sempre più spazio all'inglese. Va bene la globalizzazione e tutto il resto, ma così facendo perderemo le nostre radici, la nostra unicità. Già stanno scomparendo i dialetti, ora anche la lingua italiana. In questi mesi con voi ho imparato più termini stranieri che nuovi vocaboli italiani. Siamo sicuri che l'italiano si stia evolvendo e non stia semplicemente morendo?» commenta La Carla.

«Carla, ti prego, anche no. Filosofeggiare sulla lingua italiana quando in corpo ho più tossine che globuli rossi, grazie, no. Il criceto che ho nel cervello è fermo in coma sotto la ruota e mi ha chiesto solo se può avere del caffè» dice Chantal.

«È già tutto in tavola, aspettiamo solo che arrivino gli altri. Come dite voi, vi ho preparato un brunch, si dice così, no?»

«Sì, ma la u si pronuncia a» le dico, sorridendo.

In breve ci raggiungono anche gli altri e ci ritroviamo seduti a tavola, tutti con i riflessi ancora un po' rallentati.

Paula chiede la parola: «Io vorrei fare un ringraziamento speciale per ieri sera alla Carla».

«Ancora? Ma che è successo oggi? C'è qualcosa che mi tenete nascosto che devo sapere? Come minimo, come dice Chantal, fra un po' mi arriva un cetriolo nel...» replica La Carla.

«No, semmai sono gli altri che devono sapere. Ieri sera hai fatto una cosa a dir poco meravigliosa e civile. Dovete sapere che quando siamo stati portati in questura a me e a Chantal volevano metterci con voi uomini. La Carla si è opposta, ha garantito per noi e quando ha visto che non cambiavano idea ha sferrato un'arringa che manco la Bongiorno avrebbe saputo fare di meglio. Li ha zittiti tutti e non gli ha lasciato nemmeno il tempo di ribattere. Ha chiuso dicendo: "Loro sono con me e restano con me, se volete è così, altrimenti arrestatemi pure".»

«Grandissima Carla!» esclamo. «E ti sei presa anche la responsabilità della droga... a proposito, com'è finita?»

«Tutto a posto, non sono cose che vi devono riguardare. Ho chiamato il mio avvocato e se ne occuperà lui, fine della storia» risponde lei.

Marika alza la mano. «Volevo dirvi una cosa, ieri sera non mi pareva il momento giusto ma... ieri mattina ho parlato con mia madre. Erano mesi che ci pensavo e finalmente ho trovato il coraggio. Le ho detto che sono lesbica. Mentre lo dicevo non riuscivo a guardarla negli occhi. Lo ha fatto lei. Mi ha preso il volto tra le mani, me lo ha sollevato e mi ha detto: "Marika, lo sapevo, l'ho sempre saputo, ma capivo che non eri ancora pronta per dirmelo. A volte ho riflettuto sull'opportunità di anticiparti ed essere io a parlartene, ma poi mi sono detta che non era giusto, che dovevi scegliere tu quando ti saresti sentita pronta per farlo. Io ti ho solo osservato a distanza. Vedevo che tutto sommato eri tranquilla, forse un po' persa ma serena.

Sapevo anche di Paula e, devo essere onesta, a quel punto mi sono preoccupata. Ho chiesto informazioni in giro e tutti mi hanno detto che è una persona per bene, diciamo originale ma per bene. Chi sono io per giudicare? Io sono tua madre, ti ho dato la vita e a me spetta il compito di proteggerti fino a quando potrò. Ma la vita è la tua. Le scelte sono le tue, e se queste nascono dal profondo delle tue necessità e della tua consapevolezza io non potrò che stare sempre dalla tua parte". Ha detto proprio così, parola per parola, e non sapete quanto mi ha reso felice. Anche se vi conosco da poco, è una felicità che avevo voglia di condividere con voi.»

Le guance di Paula si rigano di lacrime, ha gli occhi che le brillano come due stelle.

«Le donne salveranno il mondo, ne sono sicuro» dice Ebo.

«Perché non andate a vivere insieme? Potreste venire qui, no Luca?» dice Alex.

«Ehi, piano, tempo al tempo, quando sarà naturale lo faremo. Io ho ancora bisogno di mia madre e lei di me» risponde Marika.

Quelle parole mi fanno pensare che io, a diciotto anni, egoisticamente ho deciso di andarmene senza minimamente considerare le esigenze di mia madre. Sono scappato pensando solo a me stesso e non al dolore che infliggevo a mia madre con la mia assenza. Ero troppo preso dai miei bisogni per pensare che, dopo diciotto anni, privavo mia madre di un "noi", nella testa avevo solo "io", solo io, non c'era spazio per quel noi: io e mia madre.

Mia madre mi aveva voluto, educato, cresciuto.

Mi aveva regalato diciotto anni della sua vita e io non l'avevo nemmeno coinvolta nella mia scelta di andarmene. L'ho fatto e basta, senza dire niente a nessuno. L'ho fatto per mio padre, ma così ci era andata di mezzo anche lei.

Per la prima volta a distanza di anni mi trovo a pensare a cosa farei ora se potessi tornare indietro.

Affronterei mio padre?

Forse troverei il coraggio di essere io a dargli uno schiaffo?

Forse con quel gesto saremmo usciti dallo stagno torbido in cui ci trovavamo e ora sarebbe tutto diverso.

O magari porterei via mia madre con me?

O, invece, avrei il coraggio di aspettare, di impegnarmi perché le cose assumano una forma diversa, più chiara, senza che l'odio o il rancore prendano il sopravvento.

Le parole della Carla mi strappano ai miei pensieri: «Comunque è una storia bellissima, una storia di passione per lo sport, una storia sull'ambire a essere quello che si vuole e fondamentalmente una grande storia di amore e libertà. In tutti i passaggi che ci hai raccontato ci ho letto sempre l'amore, per una persona, un ideale o un credo. E la vita ci insegna che l'amore si trova ovunque, anche nelle difficoltà e nei momenti più strazianti o più incredibili. L'amore è sempre lì pronto a darci una spalla, se non addirittura anche la soluzione».

Alex si toglie gli occhiali e con un fazzolettino di carta si asciuga gli occhi, ma nessuno sembra accorgersene.

«A proposito di amore... e La Diva? Come si è innamorata? Non ci hai mai detto nulla in merito» chiede Chantal.

«È una storia lunga e sempre di altri tempi. Se vi annoio ditemelo che mi fermo. A noi anziani piace ricordare ma non è sempre detto che agli altri piaccia ascoltare.»

Chantal picchia le posate sul tavolo e inizia a scandire: «STORIA. STORIA. STORIA...».

Impugniamo anche noi le posate e ci uniamo tutti al mantra.

«Va bene, va bene. Ma al primo sbadiglio lascio perdere. Allora, io avevo poco più di vent'anni. Come vi ho già detto eravamo in molti figli. Mia sorella Antonia da qualche mese aveva presentato in casa il suo fidanzato Bruno. A me questo Bruno non diceva più di tanto. Per i miei gusti era sempre troppo allegro, ma in modo formale, non lo percepivo come vero. Sembrava che il suo dovere fosse quello di piacere a tutti. Faceva di tutto perché i miei fratelli lo adorassero ed era sempre gentile e premuroso con le altre mie sorelle. Un giorno Antonia mi disse che io ero strana con Bruno, che non lo consideravo, che sembrava che non lo percepissi come parte della famiglia. Le esternai le mie perplessità ma la rassicurai comunque sul fatto che non doveva piacere a me, che io ero felice per lei e che poteva stare tranquilla. Da quella volta cominciai a osservarlo meglio. Capitava spesso che venisse a pranzo o a cena e a noi ragazze portava sempre dei fiori, niente di pomposo, a volte anche solo un fiore a testa. Il mio era sempre diverso da quello delle altre mie sorelle. Spesso durante questi pranzi lo scoprivo a guardarmi e appena me ne accorgevo lui distoglieva lo sguardo. Qualche tempo dopo Bruno cominciò a diradare le visite, fino a che smise del tutto. Come la regola voleva, a tavola, un giorno Antonia comunicò che aveva interrotto la sua frequentazione con Bruno. La cosa mi sorprese molto. Mio padre chiese il perché ma Antonia scoppiò in lacrime e non riuscì a formulare nessuna risposta. In seguito mi arrivò una lettera da Bruno. Non c'erano i cellulari né le email, solo fogli e matite. Poche righe in cui mi scriveva che la rottura con mia sorella dipendeva dal fatto che lui si era innamorato di me. Nient'altro. Quelle poche parole mi scossero. Non diceva nulla di più. Non mi chiedeva se il suo amore fosse corrisposto o altro. Sta di fatto che quando uscivo di casa lo incontravo spesso. Lui però nemmeno mi guardava. Lo trovavo dal panettiere, dal macellaio, in piazza con gli amici. Mai una parola, uno sguardo, un saluto. Così fui io ad agire. Mi avvicinai e gli dissi che almeno poteva salutarmi. Mi rispose che aspettava che lo facessi io, che già aveva creato troppo disturbo alla mia famiglia. Poi disse una frase che diede una svolta al nostro rapporto: "Sappi però che parlare con te per me non è facile, tu non mi sei indifferente e se lo fai solo per gentilezza o formalità preferirei non lo facessi". Quel rispetto, quell'onestà senza nessun tipo di pressione mi sorprese. In poco tempo mi sono innamorata anch'io. Ma non avevo il coraggio di comunicarlo a tavola alla mia famiglia. Uscivo di nascosto o mi inventavo delle scuse per non essere accompagnata dalle sorelle. Facevamo delle lunghe passeggiate. Lui mi parlava dei suoi sogni e io dei miei. Gli raccontavo che mi interessava molto il teatro, che poter vivere le vite dei protagonisti era un po' come viaggiare, conoscere nuove realtà, calarsi in emozioni sempre diverse. Mi ricordo che ero anche riuscita a guadagnarmi la complicità del nostro giardiniere che la sera, prima di rincasare, lasciava una scala di legno a pioli vicino alla mia finestra. Dopo cena rientravo nella mia stanza, aspettavo che in casa i rumori si attutissero e poi scappavo dalla finestra per incontrarlo. Eravamo giovani, stupidi ma soprattutto innamorati e gli anticoncezionali a quel tempo non erano così largamente diffusi. Soprattutto era ancora imbarazzante entrare a comprarli in farmacia. È capitato. Sono rimasta incinta. Vi ho già detto che in casa mia si era obbligati a parlare solo a tavola. Così presi il coraggio a due mani e a una cena comunicai prima che mi ero innamorata di Bruno e poi che aspettavo un bambino. Mio padre non fece una piega. Alzò lo sguardo dal piatto. Mi disse soltanto che il giorno dopo Bruno doveva essere seduto a tavola anche lui. E poi cambiò subito argomento. Ricordo ancora lo sguardo di mia sorella Antonia, credo che non mi abbia mai perdonata. Il giorno seguente Bruno era a tavola con noi. Mio padre non lasciava tradire nessun tipo di nervosismo. Chiese a Bruno quali fossero le sue intenzioni e lui rispose che voleva sposarmi. Mio padre fece solo una battuta che tuonò come un colpo di fucile. Disse: "Sei sicuro questa volta di aver scelto dal nostro mazzo quella giusta o pensi di doverle ingravidare tutte?". Provai vergogna per lui. Antonia lasciò la sala da pranzo in lacrime. Mio padre decise che il matrimonio doveva celebrarsi il prima possibile. Credo che non volesse che la pancia iniziasse a lievitare troppo e la gente di conseguenza cominciasse a spettegolare. Lui e mia madre incaricarono mia sorella maggiore di aiutarmi a scegliere un abito nuziale. Ne scelsi uno molto semplice. Non ho mai amato quelli voluminosi e pieni di orpelli che ti facevano sembrare una meringa. L'unico vezzo del vestito bianco, dritto a tunica, erano le maniche di pizzo. Lo mostrai anche a mio padre che sembrò gradire la scelta. Ma dovevo aspettarmelo che da lì a breve sarebbe successo qualcosa. La mattina delle nozze io ero in stanza con le mie sorelle e la parrucchiera che mi stavo preparando. Lui entrò e chiese a tutti di uscire, di lasciarci soli. Sotto braccio aveva un copriabito e prima di aprirlo mi disse: "Ma tu pensavi davvero che io avrei lasciato che ti sposassi in abito bianco? Il bianco è per chi all'altare, agli occhi di Dio, arriva vergine. Non possiamo ingannare né Dio né la gente, quindi ora tu indossi questo". Uscì dalla stanza lasciando il copriabito sul letto. Non avevo bisogno di aprirlo, sapevo cosa mi aspettava. In paese molte ragazze si erano sposate incinte indossando un tailleur grigio scuro, sotto gli occhi della gente che spettegolava. Io pure molte volte ho riso di quelle ragazze.»

«Ma era proprio stronzo, cazzo» dice Fabiola.

«Erano altri tempi, vigevano altre regole e comportamenti. Io non ho mai pensato a mio padre come a uno stronzo. Certo ci stavo male e piangevo per alcuni suoi modi. Ma ho sempre pensato che fosse un uomo dal carattere forte e soprattutto onesto, che aveva sulle spalle il dovere di proteggere e educare la sua famiglia numerosa. Dovere dal quale non si è mai sottratto a costo di risultare antipatico e odioso. Per me l'onestà paga sempre. In ogni cosa che ha fatto o detto mi ha sempre dato la possibilità di ricevere un insegnamento che poi ho fatto mio e tramandato ai miei figli. Il suo atteggiamento in quell'occasione è servito a farmi riflettere sulle responsabilità, sulle conseguenze dei propri atti, e a farmi capire che non è mai giusto deridere e giudicare gli altri, come facevo io quando vedevo quelle altre spose in tailleur» risponde La Carla.

«Sei veramente una figa totale» dice Chantal e parte il solito applauso.

«Quindi nessuna favola, nessun abito bianco» dice Alex.

«Sottovaluti La Carla. Ora vi racconto un'ultima cosa e, Chantal, tu sarai fiera di me. Io e Bruno poco dopo il matrimonio ci siamo trasferiti a Como, dove abbiamo vissuto per circa trent'anni. Lì si è sposata la mia prima figlia. Tanto tempo fa riguardavamo il filmino di quel giorno con mia nipote Lea. In primo piano c'era mia figlia vestita con un abito azzurro pastello e suo marito che scendevano i gradini di una scala in pietra che portava al ristorante in riva al lago. Mia figlia e suo marito erano contornati da amici e parenti e dai miei figli più piccoli, poi improvvisamente la telecamera allarga l'inquadratura e dall'angolo in alto a sinistra si intravede una macchia bianca. Allargandosi di più quella macchia è diventata un abito lungo con le maniche tutte di pizzo. Mia nipote Lea ha esclamato: "Ma nonna, quella sei tu!". Per l'occasione mi ero fatta, con il permesso di mia figlia, un abito simile a quello che avrei dovuto indossare il giorno del mio matrimonio.»

«Be', vabbè, ma tu sei oltre» dice Alex.

«Posso chiederti una cosa? Forse è una domanda indiscreta...» dico io.

«Nessuna domanda è indiscreta se è mossa da una buona intenzione, chiedi pure» mi risponde.

«Ma tua madre? Parli sempre di tuo padre, come se tua madre avesse un ruolo passivo all'interno della vostra famiglia» chiedo.

«Mia madre era una donna incredibile. I tempi non favorivano di certo le donne. Ma mio padre con lei è sempre stato affettuoso, generoso e soprattutto rispettoso. Tutte le decisioni le prendevano insieme, poi certo era mio padre a comunicarcele. Ogni tanto lei ci faceva delle soffiate e ci anticipava in linea generale quello che ci avrebbe detto papà a tavola, ci diceva sempre: "Abbiamo preso una decisione ma ve lo dirà poi vostro padre". Ho un'immagine forte, nitida, stampata nella mente e forse ti può far capire il loro rapporto. Loro due nel portico sulla panchina. All'ombra di un pergolato di glicine, lei seduta, mio padre sdraiato con la testa sul suo grembo intento ad ascoltare la voce di mia madre che legge un libro. Ogni tanto papà cercava la sua mano che lei toglieva dal libro per stringerla nella sua. Ogni tanto li sentivamo anche discutere in maniera accesa, ma non ricordo una volta che la discussione fosse degenerata in altro. Credo che avere un esempio di amore vero in casa sia la lezione più bella in assoluto su cosa voglia dire condividere la vita con qualcuno.»

«Mo' pure io vojo sape' 'na cosa, ma poi Antonia?» interviene Fabiola.

«Antonia è rimasta sola fino ai cinquant'anni, poi ha conosciuto un uomo e si è sposata anche lei» risponde La Carla.

A quel punto del racconto il cellulare di Chantal vibra. Risponde e subito dopo ordina perentoria di accendere la tv.

Quello che ci troviamo davanti lascia tutti con la mascella caduta.

Della gente farfuglia qualcosa di incomprensibile ma alle loro spalle, su uno schermo enorme, c'è una foto famigliare.

Siamo noi la sera prima.

È un'immagine sfocata, sicuramente presa con il cellulare, ma si intravedono benissimo Chantal con la mazza da baseball in mano, ci sono io con la scure alzata su Fabiola, qualche ragazzotto in perizoma.

Gli altri sono per lo più tutti in ombra e sgranati. Una scritta dice: "RITI SATANICI, SESSO E COCAINA A MILANO".

«Alza, alza il volume» fa Alex.

La conduttrice, vestita come se fosse Capodanno, dice che è in collegamento con il signor Marino, che è lui ad aver scoperto questi festini dell'orrore a Milano.

E Marino racconta: «C'era sangue dappertutto. Gente che urlava, piangeva, scappava mezza nuda e poi scene di sesso, uomini e donne nude. E poi la droga, credo cocaina o eroina, contenuta in barattoli bianchi».

La conduttrice fa altre domande insensate con il solo scopo di gonfiare la fake news, e per rincarare la dose: «Noi, Marino, ci siamo sentiti prima della puntata e tu mi hai detto che non era la prima volta che succedevano queste cose in quella fabbrica e che per altro, le volte precedenti, ti è sembrato anche di vedere dei bambini con indosso una tunica bianca e delle candele in mano, come se fosse una processione, appunto un rito».

Il signor Marino fa una faccia smarrita, facendo no con la testa, come a dire che non ha mai detto una cosa del genere, ma la conduttrice lo blocca e incalzando dice: «Capisco che sei sotto shock, lo sarei anche io, tu però, dopo aver scattato queste foto atroci, anzi, ci scusiamo con il pubblico a casa per queste immagini forti ma noi, essendo una testata giornalistica, abbiamo il dovere di documentare…».

La Carla si alza di scatto e, dopo aver chiesto ad Alex come si chiama il programma e la signora che lo conduce, prende il cellulare ed esce dalla stanza.

Nello stesso momento Fabiola riceve un WhatsApp dalla sua ex coinquilina: "A Fabi', su Instagram stanno a di' che fai le orge con la cocaina e che te la stai a fa' coi bimbi".

Alex ci conferma che la rete parla di Fabiola. Sembra il telefono senza fili, ognuno aggiunge o modifica qualcosa. Hanno anche ritirato fuori i vecchi video. Hanno ripubblicato l'elenco degli insulti ricevuti e qualcuno l'ha già condannata e giustiziata. Hanno persino già aperto una pagina Facebook chiamata "La Cicciona perde il lardo ma non il vizio".

Chantal invece è già stata soprannominata la "trans cocamil'ano". Qualcuno afferma di averla vista spacciare in molti locali milanesi. Altri dicono che sia una squillo di lusso legata a una famosa lobby di avvocati. In tv continuano a parlare e a far divampare il caso senza fornire nessun dato nuovo.

Fabiola corre fuori in lacrime. Ebo la segue. Chantal è paralizzata, inespressiva.

La Carla rientra e dice con voce perentoria: «Alza!».

Torniamo tutti con lo sguardo e le orecchie alla tv.

La conduttrice parla, parla, parla ma dice sempre e solo le stesse cose, poi una voce dalla regia comunica che c'è una telefonata in linea.

È un commissario della polizia che smentisce tutto quanto e afferma che si tratta di una notizia falsa e grottesca. Che il signor Marino, che è in collegamento, ha già sporto regolare denuncia e che grazie a quella segnalazione i poliziotti si sono recati sul posto e dopo un attento esame non è stata riscontrata nessuna anomalia e nessun reato. Che lo stabile era stato affittato regolarmente per una sessione fotografica a scopo pubblicitario. Il tema era Halloween. Che tutti i partecipanti erano adulti. Che non si è assolutamente riscontrato l'uso di sostanze stupefacenti come cocaina ed eroina. Che i barattoli bianchi erano le creme che si dovevano pubblicizzare. Presenti sul luogo c'erano sedici persone tra cast e addetti ai lavori e il quantitativo d'alcol ammontava a un totale di cinque bottiglie di vino, di cui due intonse, più due di champagne, di cui una intonsa.

Magicamente il collegamento con il signor Marino sparisce e pure la nostra foto gigante.

La conduttrice si mette in modalità "felicità" e ringrazia il commissario per aver scelto proprio lei per smascherare questa fake news che sta impazzando su tutti i media.

Il commissario gentilmente ringrazia ma invita a una maggiore attenzione nel verificare l'attendibilità delle notizie.

«Chissà perché ho la vaga impressione che il testo al commissario glielo abbia consigliato tu» dice Alex alla Carla.

«Certo, ma ho riportato solo la verità, nulla di più né di meno.»

«Be', manca il particolare della Killer stress» dico io.

«No, non sei stato attento, vatti a risentire cosa ha detto il commissario: ha detto che non è stata trovata traccia né di cocaina né di eroina, che erano le due sostanze stupefacenti citate. Se avessero detto Killer stress, sarei stata la prima a confermarlo. Il commissario ha solo omesso, perché giustamente ha capito la situazione ludica della serata e ha ritenuto inutile fornire questo dettaglio. Quindi sia io sia il commissario siamo stati onesti. E poi, Luca, non farmi la morale, stiamo parlando di erba, roba naturale una tantum, eddaiiiii» fa La Carla.

Chantal è sempre paralizzata, come se fosse inebetita. Gli occhi le si riempiono di lacrime.

«Niente, non ce la facciamo. Cretina che sono, sono una cretina! Proprio quando cominciavo a pensare che poi forse non era poi così tanto male, che forse avevo ragione a fare tutto quello che stavo facendo. Che la merda che avevo ingoiato fino a ora forse era finita. Che stavo bene qui, con voi, sicuramente i mesi più belli della mia vita fino a questo momento. Con voi ho riacquistato fiducia nel prossimo. Voi mi avete regalato la speranza che in fondo ci sono persone per bene che possono capirti, accettarti per quello che sei, supportarti. Lo so che quello che sto dicendo può risultare strano e assurdo, ma con voi ho ritrovato una famiglia, un'oasi di riposo dove rientrare la sera e caricarsi come fa un cellulare alla presa. Con voi al mio fianco mi sono sentita più forte, più armata. Voi siete riusciti ad alimentare il mio coraggio. Qui cominciavo a sentirmi a casa, mi fidavo di voi, persino a Luca ho dato una seconda possibilità perché vi ho sentiti sinceri, veri. Con voi ho smesso di sentirmi giudicata e vi assicuro che è il regalo più grande che ho ricevuto in tutti questi anni. Nessun diamante, nessuna vacanza da sogno o assegno in bianco può farti più felice. L'essere accettati è la fortuna più grande che ti possa capitare, e se poi all'accettazione segue l'affetto, allora hai fatto bingo. Io è tutta la vita che cerco questa sensazione. È tutta la vita che vorrei poter scrivere qualche nome sul mio "diario del cuore" e poi ogni sera controllare che il lucchetto sia ben chiuso, affinché nessuno possa rubarmi quell'affetto. E poi quando succede ti dici: massì, sarò vista e percepita come un fenomeno da circo, ma io ogni sera so dove tornare, dalla mia famiglia. E poi allora a quella sensazione ti ci abitui, pensi che possa durare per sempre, credi che il tunnel sia quasi finito o comunque si vede la luce. E poi? E poi vedi questa cosa, questa minchiata in tv, e capisci che non è vero niente… un beato cazzo. E sai perché? Perché tu da quella cazzo di famiglia fantastica alla mattina ti stacchi e vai incontro a questa merda che non vede l'ora di ridicolizzarti, di sporcarti, di schiacciarti. È come se voi ogni mattina vi svegliaste per andare al lavoro e ogni santa mattina trovaste le vostre quattro gomme della macchina tutte bucate. Tutte le mattine. Le mie mattine sono così da svariati decenni. Vi girerebbero i coglioni o cosa? E allora pensi al culo che ti sei fatta per arrivare fino a qui ancora viva e pensante, e pensi che non è giusto, che non te lo meriti, che è una vita che ti fai il culo e non puoi e non vuoi essere trattata così. Purtroppo la famiglia è molto, ma per quelle come me non è tutto. Voi siete la casa, ma la vita è là fuori e a me non serve una prigione.»

Silenzio.

«Alex, come mi chiamano sul web? DIMMI COME CAZZO MI CHIAMANOOO!» urla Chantal, fuori di sé.

«La trans cocamil'ano» risponde a bassa voce Alex.

Chantal fa una risata fragorosa. «Se fossi la Chantal di ieri avrei detto: top, chiamo così la mia prossima crema! Ma la Chantal che ha appeno visto e sentito queste cose, quella di oggi, di ora... no... non ce la fa. Chantal deve capire una volta per tutte che là fuori per sfogare la rabbia hanno bisogno di bersagli e io, Fabiola, Ebo, Alex siamo tra quelli.»

«No, Chantal...» La Carla prova a prendere la parola.

«No, Carla, grazie, hai già fatto tanto, sei una bellissima persona e ti voglio un bene dell'anima, ma adesso non mi servono belle parole, mi serve capire la realtà. Lo ripeto, qui dentro sto bene, mi sento in una culla, ma la vita, quella vera, è là fuori. Non ho bisogno di carezze in questo momento, me lo hai insegnato tu in questi mesi: prima la verità, sì, perché dalla verità si può sempre ripartire. Carla, io ho bisogno di questo frontale perché questa è la realtà che mi aspetta fuori di qui, questa è la verità. Questa è la mia vita, che non è la tua. Scusa...»

E Chantal esce dalla stanza.

I giorni successivi sono strani e pesanti. Ormai ci vediamo solo io, Alex e La Carla. In rete la caccia alle streghe continua e Fabiola e Chantal continuano a essere alla gogna.

Ogni tanto Ebo scende a prendere del cibo per Fabiola e con quel sorriso abbagliante ci dice che va un po' meglio. Dice che bisogna solo lasciarle ancora del tempo. La Carla ha chiesto di poterle parlare, ha insistito più volte ma Ebo le ha detto che era meglio di no.

Chantal invece ha reagito diversamente, è stata molto diretta, ci ha detto che per qualche giorno preferiva rimanere da sola ma che stava bene. Ci ha rassicurato sul fatto che è stata solo una scossa di terremoto, non più forte di molte altre, e che per fortuna con il lancio della nuova linea di creme aveva un sacco di lavoro e si sarebbe concentrata solo su quello.

Sono comparsi anche gli inviati delle varie tv, ma questa volta non per Fabiola, sono interessati solo a Chantal, sicuramente per loro fa più trash.

Lei è stata fantastica. Li ha fatti aspettare per ore fuori da Asfaltilandia. Poi è uscita con un sacchetto del pane in testa e un cartello con scritto:

Siete degli sciacalli a cercarmi, quindi:
1. Per togliermi il sacchetto del pane e mostrarmi in viso sono 50.000 euro
2. Per rilasciare un'intervista sono 250.000 euro
3. Per andarvene invece è gratis
DECIDETE MA IN FRETTA CHE NON HO TEMPO DA PERDERE
Per chi fosse interessato a breve uscirà la mia linea di creme Beautiful Monster.

Persino la conduttrice di quell'orrendo programma le ha telefonato. Lei l'ha lasciata parlare e alla fine ha detto: «Ok, va bene, vengo in tv. Sono trecentocinquantamila euro, se accetti bene, altrimenti ti denuncio per stalking». E pure lei è sparita.

In compenso le foto di Chantal con il sacchetto in testa e il listino prezzi hanno fatto il giro del web. Così ora tra numerosi hater ci sono anche dei fan. Alcuni hanno riconosciuto la struttura e qui fuori ci sono sempre dei curiosi a caccia di foto. Quella paracula di Chantal con loro è gentilissima, fa selfie a rullo e regala pure campioncini delle sue creme.

Mamma

Mi ha chiamato mia madre, mi ha proposto di incontrarci.

Sono ormai mesi che non la vedo e anche al telefono ci sono stato poco per lei. Ma gli ultimi eventi mi hanno un po' scombussolato, ho cominciato a vedere e sentire le cose diversamente rispetto a prima e volevo essere più chiaro con me stesso prima di affrontare qualsiasi confronto.

Pazzesco, sto parlando di confronto.

Credo di non averci mai pensato veramente a questo sostantivo, e forse non l'ho nemmeno mai inserito in una frase.

In questi mesi ho ascoltato tante storie, dalla viva voce delle persone che le hanno vissute, e ho capito che se quelle stesse storie mi fossero state raccontate da terzi, be', avrebbero avuto senza dubbio un significato diverso, meno potente.

Sì, qualcosa dentro di me è successo, ho sentito che avanzava sempre di più e presto ne avrei capito l'essenza.

Ci siamo dati appuntamento in piazza Gae Aulenti.

Mia madre ha l'aria stanca, il viso un po' tirato.

«Come stai?» le chiedo.

«Bene, dai, non mi lamento. Piuttosto, tu come stai? Sei sparito e non rispondi più nemmeno alle chiamate... dimmi la verità, va tutto bene? Ho sentito delle notizie sul tuo conto, di una festa che hai fatto con della gente strana e poi tuo padre mi ha detto che...»

«Se sei venuta fino a qui per parlare di tuo marito hai fatto la strada per niente.»

«Mio marito è tuo padre! Comunque no, tranquillo, non sono venuta qui per parlare di lui ma per stare un po' insieme a mio figlio.»

«Invece ripesandoci dovremmo farlo» rispondo, tirando fuori un coraggio inaspettato.

«Dimmi cosa vuoi sentirti dire che facciamo prima. Luca, mi spieghi cosa ti ha fatto quell'uomo? Perché continui a trattarlo come se fosse il peggior delinquente di questa Terra? Lo so, forse non è stato il padre che ti aspettavi ma, credimi, lui ti vuole bene, non c'è giorno che non mi chieda se ti ho sentito e se ho tue notizie.»

«Ha uno strano modo di volermi bene, non trovi? Mamma, piantiamola con questa recita da teatro dell'oratorio. Io sono cresciuto a suon di comandi e punizioni. Non ho memoria di una fottuta volta che mi abbia chiesto semplicemente come stai. Mi ha sempre considerato un fallito. I pochi ricordi che ho di lui sono sempre legati a delle delusioni. Come quando a scuola prendevo un bel voto. Io non vedevo l'ora che tornasse dal lavoro per mostrargli quell'otto. Avevo bisogno di sentirmi dire "bravo". Invece ogni volta il copione era lo stesso. Verso le venti mi mettevo fuori in giardino ad aspettare che il cancello elettrico si aprisse, che entrasse il suo macchinone, che parcheggiasse e prendesse il vialetto di casa. Ero lì, emozionato ed eccitato, con il mio quaderno in mano dove c'era scritto il voto. Ma lui tutte le volte riusciva solo a dirmi: "Vai in casa che è buio". Io provavo a raccontargli quello che era successo a scuola, e quanto fossi contento, ma lui mi bloccava, sostenendo che era stanco e che ne avremmo parlato dopo. Ma il dopo non arrivava mai, perché prima c'era il telegiornale da ascoltare in religioso silenzio, poi la cena dove a parlare eravate solo voi due e poi lo sport in televisione. E io me ne stavo tutta sera con il quaderno in mano ad aspettare un "bravo" che non arrivava mai. Tu però lo sapevi, mi osservavi e gli dicevi: "Sai, oggi Luca ha preso otto nel tema", e lui, senza guardare né te né me, ma, con gli occhi fissi sullo schermo della tv, rispondeva: "È suo dovere prendere bei voti a scuola". Mi liquidava così. Quando ho iniziato le medie, senza nemmeno avvertirmi mi ha iscritto a una scuola di calcio. Perché non mi ha chiesto se volessi fare calcio? Io ho sempre odiato il calcio, non ho mai capito che divertimento si provasse a stare in mutande a rincorrere una palla da una parte all'altra. Ma a lui non importava. Aveva semplicemente deciso per me. Ricordo che la prima partita ho corso come un cretino senza mai toccare la palla. Quando siamo saliti in macchina per tornare a casa, il suo commento è stato: "Bella figura mi hai fatto fare, adesso penseranno che ho un figlio smidollato". Con Giulia lui era diverso. La chiamava "la mia principessina". Quando arrivava gente a casa non parlava che di lei. Giulia avrebbe fatto la veterinaria o la scienziata. Quando qualcuno chiedeva cosa avrei fatto io, lui rispondeva che a me non piaceva studiare, chiuso il discorso. A Giulia era consentito stare sulle sue gambe quando guardava la televisione o quando mangiava. Io non sono mai stato seduto sulle sue ginocchia. O almeno, non che mi ricordi. E poi c'era il vostro rapporto. Tu eri come telecomandata da lui. Se io, te e Giulia giocavamo sul tappeto in salotto e sentivi arrivare la sua macchina, ci dicevi: "Adesso basta che è arrivato papà". Come se stessimo facendo qualcosa di male o di sbagliato. Stavamo semplicemente giocando, quello che fanno dei bambini piccoli, e tu lo facevi con noi. Ma no, dovevi accoglierlo all'ingresso, prendergli la giacca che altrimenti avrebbe lanciato sul corrimano delle scale e poi su di corsa in bagno a riempirgli la vasca. Le rare volte che al sabato si andava a fare la spesa tutti insieme lui infilava Giulia nel carrello per poi sparire correndo all'impazzata tra le corsie. Io rimanevo con te con la lista in mano. Mi passavi le cose e mi dicevi di andarle a mettere nel carrello. Io cercavo Giulia e papà tra le corsie ma il più delle volte lui mi sgridava e mi diceva "Di' a tua madre che questo non ci serve". I prodotti che scartava erano sempre i tuoi: i tuoi bagnoschiuma, i tuoi incensi, le tue decorazioni per la tavola. Mamma, ti rendi conto? Non eri libera nemmeno di comprarti qualcosa per te. Mi guardavi e con un sorriso mi dicevi di andare a rimetterlo nello scaffale. Vuoi che continui? Ma lo sai benissimo. Mamma, perché gli hai permesso di essere così? Non dico con me, io non l'ho scelto, ma tu sì.»

Mamma ha gli occhi lucidi, mi chiede di sederci sull'erba del parco.

«Luca, sei ancora tanto pieno d'odio. Io non voglio difendere tuo padre a ogni costo e se questa è l'analisi che fai di lui sicuramente ci saranno delle verità, non lo metto in dubbio. È vero, lui aveva un debole per Giulia, ma trovo che sia ingiusto pensare che non ti voglia bene. Sai, molto spesso ci dimentichiamo che i genitori, prima di essere tali, sono delle persone con pregi e difetti. Il ruolo di genitore può amplificare o smorzare determinate peculiarità caratteriali, nel bene e nel male. Se mi stai chiedendo se tuo padre è narcisista e preso solo da se stesso, ti rispondo: sì, lo è. Se mi stai dicendo che tuo padre ha difficoltà a gestire ed esternare le sue emozioni, sì, è vero. È vero anche che tuo padre ha un'indole più ruvida che dolce. E che vuole avere sempre il controllo della situazione e spesso fatica a mettersi nei panni degli altri. Sì, tuo padre ha un carattere ingombrante e spesso con lui ci vuole molta pazienza. Ma se mi stai dicendo "tuo padre è un uomo cattivo", no, Luca, questo no, non lo è. Tuo padre non mi hai mai imposto nulla. Non ha mai volutamente scelto per me. Sono io che mi sono affidata a lui. A me è sempre stato bene che guidasse il nostro rapporto. Non ho mai pensato che stando con lui stessi rinunciando a me stessa. E voglio dirti un'altra cosa: tu per alcuni aspetti gli somigli molto.»

«Mamma, piantala, io mi ricordo quello schiaffo» le dico tutto d'un fiato.

«Ci sarei arrivata. Quello schiaffo non ha nulla a che vedere con quello che pensi tu. Ma tuo padre non ha mai voluto che te lo dicessi. Me lo ha fatto giurare. Ha preferito che tu odiassi lui anziché me. Lui sapeva che voi due avevate dei problemi ma sapeva anche che tu eri il mio preferito, esattamente come Giulia lo era per lui. Per questo quel giorno si è preso una colpa che non era sua. In quel periodo ero confusa, forse anche per tutti i modi di essere che hai elencato prima di tuo padre. Voi stavate crescendo e ho cominciato ad aver paura che prima o poi sareste andati per la vostra strada. Avevo paura del vuoto che avreste lasciato. Diciamo una crisi di mezza età, perché è una grande menzogna credere che l'avete solo voi uomini. Sta di fatto che ho commesso un errore. Ti ricordi che in quel periodo andavo a nuotare due volte alla settimana? In piscina ho conosciuto un uomo, aveva i miei stessi orari. Un uomo completamente diverso da tuo padre, con un lato femminile molto spiccato. Era gentile, premuroso, accogliente. Dopo la piscina abbiamo preso ad andare a bere il caffè nel bar lì di fronte. Abbiamo cominciato a parlare. Lui aveva divorziato da poco e mi diceva che aveva voglia di innamorarsi di nuovo. Io piano piano mi sono aperta e gli ho raccontato un po' la mia vita, cosa provavo in quel momento, la paura che, se voi aveste lasciato casa per andare all'università o altro, io mi sarei sentita persa, svuotata. Insomma, dopo poco ho creduto di essermi innamorata di lui. Un giorno tuo padre mi ha fatto una sorpresa, è venuto a prendermi in piscina e ci ha visti mentre ci baciavamo nella sua macchina. Mi ricordo ancora il suo sguardo. Rimase per più di un minuto a fissarmi negli occhi prima di andarsene. Poi fu tuo padre che la sera mi chiese se volevo parlarne. Lo feci. Piangendo gli dissi che mi ero innamorata e non potevo farci niente. E lì mi sorprese. Mi disse che era importante che io facessi chiarezza su questo sentimento e di prendermi tutto il tempo necessario per capire. Mi disse anche che lui continuava ad amarmi. Iniziò così il periodo più brutto della mia vita. Vidi quell'uomo ancora per qualche mese. Ero come sospesa, da una parte credevo di fare la cosa giusta, dall'altra mi sentivo... non in colpa, ma a metà. Non riuscivo a prendere una decisione. Con tuo padre ero sempre più nervosa, mi accendevo per un nonnulla. Gli rispondevo male, mi lamentavo di ogni cosa che faceva. Se ci penso ora, lo trattavo come se fosse stato lui a tradirmi. Con il senno di poi, forse stavo cercando di forzare la situazione, di provocare una rottura che potesse decidere per me. Quel giorno, quando sei entrato in cucina, io avevo davvero tirato troppo la corda e la reazione di tuo padre era solo in risposta a uno schiaffo che poco prima avevo dato io a lui. E quello schiaffo io non l'ho mai percepito come un gesto violento, era come se mi stesse dicendo "Non tirarmi dentro la tua confusione, non me lo merito e non te lo permetto". Per me non è stato uno schiaffo, è stato un monito, una richiesta di mettere le cose al giusto posto.»

Non riesco a pensare a nulla.

Il mio corpo è così pesante che ho l'impressione che sia inchiodato a terra.

«E poi come hai fatto a scegliere?» le chiedo.

«Non è stato il frutto di una riflessione, non ho davvero scelto, ho fatto quello che sentivo. Un pomeriggio sono uscita di casa per incontrare quell'altro uomo. Ero in macchina, a un certo punto ho cominciato a piangere talmente tanto che ho dovuto fermarmi. Dopo pochi minuti avevo capito cosa dovevo fare, quale fosse la cosa giusta per me. Ho girato la macchina e sono tornata a casa.»

Sfratto

Non riesco a smettere di pensare alle parole di mia madre. Sono come chiodi che mi si conficcano nel cervello.

Non vi nascondo che sono sollevato per lei, ma ancora non riesco a riformulare la percezione che ho di mio padre.

Tempo al tempo. Comunque aveva ragione La Carla quando diceva che ognuno combatte una propria battaglia silenziosa della quale ignoriamo la natura.

L'avvocato Bussi mi convoca nel suo ufficio, dice per una questione urgente e delicata.

«La struttura è fortemente in perdita, forse a causa anche di una cattiva gestione da parte sua. Mi risulta che attualmente la capacità di ricezione si aggiri intorno al trenta per cento. Come mai manca il restante settanta? Come mai ci sono più di novanta richieste di affitto che non sono mai state prese in considerazione? Inoltre gli ultimi fatti accaduti di certo non hanno contribuito a pubblicizzarla al meglio. Dopo quella buffonata della tv la struttura ha perso ogni potenziale. Ma non l'ho chiamata per discutere di colpe o di possibili strategie da attuare per il futuro. Vado direttamente al punto: suo padre ha preso una decisione, ha avuto una proposta molto allettante da parte di un'azienda francese operante nella grande distribuzione, specializzata in bricolage, che vorrebbe trasformare l'albergo in un punto vendita.»

Sono confuso. Si sta realizzando esattamente quello che mi auspicavo mesi fa, quando ho deciso di imbarcarmi in questa avventura. Però in questo momento le parole dell'avvocato riescono solo a provocarmi un dolore sordo alla bocca dello stomaco.

Le cose cambiano.

Da qualunque angolazione analizzi il problema mi rendo conto che la mia battaglia è persa comunque.

«Come da contratto, i suoi affittuari hanno novanta giorni di tempo per lasciare la struttura. Se adesso mi vuole scusare ho altre faccende da sbrigare.»

Certo, per lui sono semplici faccende, vecchie pratiche da chiudere e nuove da aprire.

Uscito dall'ufficio dell'avvocato, mando un messaggio al gruppo chiedendo di essere tutti presenti a cena per una questione molto delicata e urgente.

Chantal risponde immediatamente: "Che dite? Invito anche Paula e Marika così possiamo travestirci da sette nani e mangiare funghi allucinogeni tutta notte?".

Le rispondo che è una faccenda che riguarda solo il gruppo.

Vago per la città camminando senza nessuna meta.

Il cervello sembra come impazzito, mi propone immagini sparse come se fossero trailer dei film di questi ultimi mesi.

I volti della Carla, di Chantal, Ebo, Alex e Fabiola si rincorrono nella mia mente. Sento le loro risa, i tormentoni di Chantal, i racconti dal sapore di altri tempi della Carla. Lo sguardo penetrante di Ebo, la cadenza romana di Fabiola, l'ingenuità e la purezza di Alex.

Come in un film rivedo tutto quello che abbiamo vissuto e mi scopro a sorridere nell'immagine riflessa di una vetrina del centro. Capisco di essere più cresciuto in questi pochi mesi che in trentacinque anni di vita.

Mi manca l'aria.

Una voce famigliare mi distoglie dai miei pensieri.

«Ehi, Luca, quanto tempo! Ma dove eri sparito? Ti ho chiamato un sacco di volte ma non hai mai risposto, ho provato anche a venire a casa, a suonare al citofono, ma non mi hai filato di pezza.»

È Marco, un amico che frequentavo prima del condhotel.

«Scusa, ma ho avuto da fare in questo periodo, tu come stai?» rispondo.

«Il solito, la palestra, il lavoro... te la ricordi Marina, quella strafiga che insegna aerobica in palestra...»

Mentre mi parla mi accorgo che malgrado ci frequentassimo assiduamente di lui non so nulla. Mi sembra una di quelle persone che vedi tutti i giorni in metropolitana, ci fai un breve tragitto insieme ma poi, una volta sceso, te lo dimentichi subito. Eppure lui non è stato un passante nella mai vita. Abbiamo fatto vacanze, week-end, serate a bere e a rimorchiare, ha pure vissuto per un periodo a casa mia. Ma nulla. Ho ricordi confusi e poco incisivi. Ci siamo solo e sempre sfiorati senza conoscerci davvero.

Tutta la mia vita prima di oggi è stata un po' così, ho galleggiato nell'indifferenza. Le cose, le persone, le situazioni non mi hanno mai attraversato veramente, passavano senza lasciare traccia e molto probabilmente lo stesso succedeva a me per loro.

«Senti, stasera c'è una festa fichissima da Alberto, c'è anche un po' di figame della moda, cazzo, passa, ci saranno tutti, è una maniera per rientrare nel giro. Se vuoi ci vediamo prima solo noi due a mangiare del sushi e poi raggiungiamo gli altri. Comunque, dimmi la verità, ti sei fidanzato? Dimmi chi è, la conosco?»

Vorrei rispondergli che sì, ha ragione, mi sono fidanzato. Sto con una vecchia, una trans, un nero, un'obesa e un gay.

«No, no, nessuna fidanzata, figurati, comunque grazie per l'invito, se riesco passo molto volentieri. Ora scusami ma sono di fretta, ciao Marco, mi ha fatto piacere vederti.»

«Sicuro che va tutto bene? Ti vedo strano, diverso» mi fa.

Una cosa giusta l'ha detta.

Sì, sono diverso.

E adesso?

Arriva un corriere di Glovo con una consegna a nome Carla Bonomi. La ritiro e la porto in sala da pranzo.

«Carla, hai ordinato tu tutta questa roba?» dico.

«Sì, scusate, ma oggi non me la sentivo di cucinare, spero non sia un problema» risponde.

«Ma scherzi, figurati, anche tu sei umana» la rassicuro.

«Uhm, 'sta cosa mi puzza. Carla, stai prendendo tutte le tue medicine? È da un po' che non vedo in giro quell'aggeggio con scritti i giorni della settimana» dice Chantal.

«Sto bene, sto bene e d'accordo con il medico abbiamo deciso di levarne qualcuna. Allora, ho preso del pollo allo spiedo, delle patate al rosmarino e quelle spagnole all'aglio e maionese, e poi dovrebbe esserci anche del songino che però deve essere condito. Al vino ci pensi tu, Alex? Magari prendi una bottiglia di Chianti o di Sangiovese.»

Arrivano anche Ebo e Fabiola. Le acque si sono calmate, le tv e i curiosi dopo un po' hanno smesso di assediare l'hotel e sia Chantal sia Fabiola sembrano aver digerito la faccenda, sono tornate quelle di sempre.

«Scusate il ritardo… abbiamo un annuncio importante da darvi… fallo tu, Fabiola» dice Ebo.

A Fabiola diventano le guance rosse come quelle di Heidi. Due pomelli rubizzi in quel viso rinascimentale.

«Mado', rega', non ci posso credere. In realtà sono due le

notizie che vi dobbiamo dare. La prima è che per la prima volta in vita mia sono scesa sotto i novanta chili. Ahó, so' stata brava, fino a oggi ho perso più di venti chili.»

Parte l'applauso.

«Mo' però la seconda me li farà ripija' tutti... so' incinta!»

Riparte l'applauso, ma questa volta ci alziamo e andiamo a stringerci tutti intorno a lei ed Ebo.

Sono così felice per loro, ma dentro di me penso che ora saranno cazzi, che quello che devo annunciare romperà questa atmosfera idilliaca.

«Brutta stronza, ma che bello, di quanti mesi sei?» domanda Chantal.

«Sto a fini' er secondo, lo so che si dovrebbe aspetta' er terzo mese pe' dillo, ma nun ce la facevo ad aspetta'. In questa settimana abbiamo comprato nove test di gravidanza e comunque domani vado dalla ginecologa.»

«Carla, avrai un nuovo nipotino, che ci dici?» chiede Alex.

«Che i figli sono la cosa più preziosa al mondo, entrano come uno tsunami e ti stravolgono la vita, ma te la riempiono di significato. Non sai quanto mi faccia felice questa notizia e, lasciatemelo dire, sono contenta soprattutto per te, Ebo. Sono sicura che sarai un ottimo padre e maestro di vita per tuo figlio, ma soprattutto che da ora in poi sarai costretto ad avere una visione della vita più ottimistica che farà bene al tuo bimbo e a te» risponde La Carla.

Ebo va verso La Carla e fa sparire tra le sue braccia quella nonnetta esile esile.

«Quindi è questo che dovevate dirci, a me era preso un colpo quando è arrivato il messaggio di Luca, dal tono e dalle parole usate pensavo non fosse una notizia felice» dice Alex.

Ecco, è arrivato il mio momento.

«No, non era questa la notizia, non sapevo nulla di Fabiola. Oggi mi ha chiamato l'avvocato. Mio padre ha deciso di mettere in vendita Asfaltilandia. Entro novanta giorni dobbiamo lasciare la struttura. Sono mortificato.»

«Porca puttana!» esclama Chantal.

«Cazzo, ma è possibile che non c'è mai un po' di pace per noi?» aggiunge Alex.

«Ma esiste già un acquirente?» chiede La Carla.

«Sì, un'azienda francese, pare, che vuole fare un punto vendita di bricolage o una cosa del genere» rispondo.

«Siamo sicuri che non è una questione di pagamenti arretrati? Luca, se è per questo a breve dovrebbero entrarmi dei soldi e posso saldare le due mensilità in arretrato» dice Alex.

«No, non è quello, tranquillo, ti ho già detto che quando li avrai me li darai» rispondo.

«Alex, perché non mi hai detto che ti servivano dei soldi?» interviene La Carla.

Chantal prende la parola senza aspettare la risposta di Alex.

«Siamo noi, Alex, gli altri appartamenti sono tutti vuoti perché ci siamo noi. Noi andiamo bene solo per fare notizia sul web e in tv. Veniamo usati per allietare i pomeriggi tristi di persone frustrate che non hanno niente di meglio da fare che rimanere in casa davanti alla televisione a cibarsi delle nostre storie. E sapete perché lo fanno? Perché solo così si sentono migliori, solo vedendo e ascoltando le nostre sfighe possono dire a se stessi che sono meglio di noi. Piuttosto che osservare le loro vite preferiscono giudicare le nostre. È così, punto. Sapete quanti traslochi ho fatto nella mia vita? Credo più di venti e non perché fossi in ritardo con i pagamenti. Io ho sempre pagato puntualmente e quando non avevo i soldi per farlo ero io la prima ad andarmene, non ho mai elemosinato o chiesto proroghe. Prendevo i miei stracci e la mia bigiotteria e andavo in un negozio vintage per cercare di venderli, e poi via, alla ricerca disperata di un divano da qualcuno che mi ospitasse in attesa di tempi migliori. Mi hanno sempre obbligata ad andarmene da dove abitavo. Dopo un po' che stavo in un posto, il vicinato cominciava a sparlare e lamentarsi. Diceva che il palazzo non era più sicuro perché se arrivava gente come me voleva dire che il quartiere era in uno stato di degrado. E così iniziava sempre la stessa tiritera. Qualcuno si lamentava con l'amministratore del condominio, poi con il proprietario e infine raccoglievano delle firme per cacciarmi. E quindi? Ora si ricomincia di nuovo, altro giro altra corsa, venghino signori, venghino...»

«Chantal, capisco quello che dici, ma per essere onesti la responsabilità è più mia. Sono io che non ho accettato altre candidature all'inizio. Sono io che ho fatto di tutto per mandare in malora questa operazione. Quindi l'unico responsabile lo avete davanti agli occhi» dico.

La Carla è stranamente silenziosa. Il suo piatto è ancora intatto. Non ha mangiato nulla. Guarda fuori della finestra ed è come assente.

«Carla, ti senti bene?» le chiedo.

«Sì, sì... comunque abbiamo novanta giorni e sapete quante cose possono succedere fino ad allora? Dai, su, coraggio! Ne abbiamo passate tante e supereremo anche questa. L'importante è che rimaniamo uniti e vedrete che una soluzione verrà fuori. Ora scusatemi ma devo tornare nell'appartamento perché oggi Teresa non stava tanto bene, ha vomitato due volte, vado a vedere come sta.»

«Ti accompagno» dice Alex.

«No, no, stai pure, ne approfitto anche per fare qualche telefonata in arretrato, state pure qui tranquilli, cercatevi un bel film divertente così da alleggerire la serata.» La Carla si alza, saluta con la mano e prima di uscire dalla stanza si abbassa a baciare la pancia di Fabiola e appoggia le labbra sulla fronte di Ebo.

«Credo che non ce la racconti giusta, sono un po' di giorni che la osservo e mi sembra stanca. E poi, ripeto, non la vedo più prendere le sue pastiglie...» dice Chantal, preoccupata.

Lea

Sono ormai tre giorni che La Carla non esce dal suo appartamento. Dice che non è nulla, che è il cambio di stagione, i primi caldi, sostiene che sono svariati anni che le succede: «Tre giorni distesa in letargo e poi sono più forte di prima».

Cerchiamo di non affaticarla quando andiamo a farle visita, la mattina e il tardo pomeriggio, scaglionati. Poi Chantal va a darle un'occhiata dopo cena. Alex ha messo una sedia fuori dalla sua porta e come un cagnolino fedele la sera rimane lì a spippolare con il suo cellulare. Se gli chiedo di tornare in sala tv o se vuole il cambio, lui mi risponde: «Grazie ma sto bene qui, tanto devo leggere alcuni documenti per il lavoro quindi posso farlo ovunque e poi, nel caso avesse bisogno di qualcosa, io sono già qui fuori».

Tra di noi non ce lo diciamo ma siamo in ansia e di sicuro stiamo tutti pensando che c'è qualcosa di strano. Chiunque vada a trovarla quando torna dice di averla vista meglio, quasi per autoconvincersene. Ma in cuor nostro sappiamo che non è così.

La Carla ci ha detto che oggi sarebbe arrivata sua nipote Lea a farle visita. E infatti una ragazza sulla trentina fa il suo ingresso nella struttura. Con lei c'è un signore un po' più grande, dall'aria professionale.

Si avvicinano al bancone, lui qualche passo indietro. Per

un attimo la sua immagine si sovrappone a quella della Carla e subito capisco che è la nipote.

«Ciao, sono Lea e tu dovresti essere... Luca, giusto?»

Assomiglia alla foto che La Carla tiene appesa in stanza. Ma lei è a colori, con i capelli dai riflessi rossi raccolti di lato in una coda molle, che le pende sulla spalla sinistra. La pelle è chiarissima, come quella della nonna, e una spruzzata di efelidi, poche, le punteggia il naso e le guance. Sul lobo dell'orecchio sinistro ha tre diamantini simmetrici.

Ha uno sguardo deciso, fiero, e quando parla inarca le sopracciglia. Il suo accento è strano, indefinibile, o comunque non riconducibile a un provenienza geografica precisa.

«Sì, sono io, venite, vi accompagno dalla Carla.»

Senza aspettarmi si dirige nel corridoio che porta alle stanze. È come se in pochi secondi avesse già fotografato la piantina della struttura.

Da dietro le vedo il collo, al centro ha il tatuaggio di un occhio stilizzato. E per una frazione di un secondo mi immagino che mi faccia l'occhiolino.

Arrivata in fondo si gira e mi chiede: «Destra o sinistra o devo salire le scale?».

«Primo piano, se vuoi c'è anche l'ascensore ma è piccolo, ci stanno solo due persone.»

L'uomo che è con lei dice che sale a piedi, mentre io e lei entriamo in ascensore. Io mi dimentico di schiacciare il pulsante e come un ebete rimango imbambolato a guardarla.

È lei ad agire: «Hai detto primo piano, vero?» e senza aspettare la mia risposta schiaccia il pulsante numero uno.

È vicina, sa di buono, di prati, di fiori ma non è una fragranza di quelle dolciastre. Ricorda più i centrotavola della Carla.

«Che profumo è?» le chiedo.

«Uhm, strana domanda» mi risponde.

Il suono del campanello al piano ci dice che siamo arrivati. Uscendo le chiedo: «Perché strana?».

«Ma no, nulla, è che non mi sembravi il tipo da queste domande.»

«E che tipo sarei?» dico sorridendo.

Anche lei di rimando mi regala un sorriso: largo, bianco, con quei denti davanti leggermente grandi da castorino, ma non risponde, perché in quel momento l'uomo con il quale è entrata si aggiunge a noi arrivando dalle scale.

Busso alla porta, aspetto davanti all'uscio e appena sento La Carla rispondere le dico che ci sono visite per lei e li lascio soli. Sarei voluto entrare, respirare quell'incontro tra nonna e nipote, spiare la loro intimità, ma poi ripenso alle cose che mi ha detto La Carla, alle regole dell'hotelleria, e preferisco essere professionale. Prima di congedarmi dico a Lea in tono impostato che se le serve qualcosa, qualsiasi cosa, mi trova in reception.

Decido di riprendere l'ascensore con la speranza che quel profumo non sia ancora svanito. Nell'immagine riflessa dello specchio mi scopro ad annusare l'aria come una cane da tartufo.

Fuori, nel corridoio, incontro Fabiola.

«Ehi, che te sei accecato? Era du' ore che te chiamavo con la mano e me guardavi pure, parevi imbambolato… è arrivata? Era lei quella dell'ascensore?» mi chiede.

«Sì, sono arrivati in questo momento» rispondo.

«Come sono, chi c'è? In quanti sono? So' tutti i figli?»

«No, no, solo Lea e uno» rispondo.

«Chi è, er marito?» chiede Fabiola.

«No, non so, non credo, insomma, non mi sembrava che fosse sposata Lea, no? E poi scusa non è che se una arriva con un uomo deve essere per forza il marito o il fidanzato o no?» rispondo tutto di un fiato.

L'insinuazione che il tipo potesse avere qualche legame sentimentale con Lea mi infastidisce.

«Ahó, ma te sei ascoltato? Lo stai dicendo a me o lo stai dicendo a te stesso? A Luca, non è che davero davero… c'hai uno sguardo strano, come se avessi visto la Madonna.»

«Ma cosa dici?» mi schermisco.

Però so che ha ragione, quell'incontro di pochi minuti mi ha lasciato una sensazione strana, nuova.

«Ma com'è?» insiste Fabiola.

«Com'è... oddio, bella è bella, sembra La Carla come potrebbe essere se avesse trent'anni, e poi ha i modi di una tipa tosta, indipendente, sicura. E ha un buon odore.»

«Vabbè, ho capito, che te devo di', speriamo che non sia né sposata né fidanzata.» Fabiola mi strizza l'occhio.

«Adesso che mi ricordo, lui aveva una valigetta tipo medico, magari è un dottore?» dico.

«Be', sì, po' esse', vabbè, se sai qualcosa in più fammi uno squillo... Luca, me sembra che te sei preso una tranvata» conclude Fabiola, allontanandosi.

Mi metto ad aspettare ai tavolini della reception, sfoglio qualche rivista di Chantal e poi mi faccio un caffè.

«Hai un espresso? Sono mesi che non ne bevo uno.» La voce di Lea mi arriva alle spalle.

«Certo... lo vuoi intenso, caramellato, vanigliato...»

«Per me l'espresso è quello della nonna, che fa ancora con la moka della Bialetti argento, ma capisco che chiedo troppo, quindi scegli tu, per me è uguale.»

Rimango di spalle anche se vorrei girarmi e chiederle: "Ehi, ti va di fare due passi?".

Poi penso che siamo praticamente in tangenziale e non sarebbe di certo la passeggiata più romantica dell'anno. Eppure vorrei farle un sacco di domande, sapere dove vive, cosa fa, vorrei sapere tutto di lei, in realtà.

Ma la cosa che vorrei sapere più di tutte è se io le piaccio come lei piace a me.

Mentre le passo il bicchierino per un attimo le nostre dita si incontrano e ho la sensazione che rimangano in contatto più del dovuto.

«Come sta?» chiedo.

«La sta visitando il medico, ma credo che stia come sta da qualche anno a questa parte, alti e bassi. Può stare bene per cinque sei mesi di fila e poi avere una ricaduta. Ora era quasi un anno che non aveva una crisi» mi risponde.

Lea beve il caffè d'un sorso e appoggia il bicchierino. Con le mani prende la coda e la arrotola un paio di volte sopra la testa. Nel farlo la maglietta bianca si alza lasciando intravedere l'ombelico e un pezzo di pelle bianchissima.

«Ma cos'ha? Non sapevamo fosse malata, non ne ha mai parlato. Credevamo che le pillole fossero per i soliti acciacchi dell'età» chiedo.

«Ha una forma rara di malattia alle ossa, più tutta una serie di altre patologie che si sono innescate con l'età, insomma, è molto anziana e il suo corpo è stanco, ma non chiedermi altro, ti prego, lei non vorrebbe che si parlasse di questo. Non ve ne ha parlato lei e, anche se sembra stupido, non voglio farlo nemmeno io, voglio rispettare la sua volontà» mi risponde.

«Certo, capisco. Tua nonna è veramente una donna speciale» dico.

«Sono d'accordo, anzi direi troppo speciale. Se lo fosse un po' meno sarebbe tutto più semplice. Grazie per il caffè, torno da lei. A dopo, allora.»

«Se hai bisogno mi trovi qui. Aspetta un secondo, posso chiederti una cosa?»

«Dimmi.»

«Come hai fatto a riconoscermi? Insomma, non sono l'unico maschietto della casa.»

«Be', non è stato molto difficile, mia nonna mi ha parlato un po' di voi, Ebo lo avrei riconosciuto subito e Alex non mi avrebbe mai guardato come mi hai guardato tu» risponde.

Rimango un po' spiazzato da questa sua ultima osservazione e, mentre cerco le parole per ribattere, lei mi dice: «Scemo, la nonna mi ha inviato foto di tutti voi, so molte più cose di quanto possiate immaginare. Comunque è carino qui, sembra famigliare, intimo».

«E invece sai cosa dice di te?» le chiedo.

«Sì, che sono la sua preferita perché di tutta la famiglia sono quella che ha preso più da lei.»

E la vedo andarsene via con quella maglietta bianca, i jeans con tutto l'orlo sfilacciato e un paio di ciabatte sicuramente della Carla.

Poi in un lampo decido di uscire, prendo la vespa e corro al centro commerciale qui vicino.

Entro in un negozio e chiedo: «Avete una moka della Bialetti color argento?».
«Quale modello?» mi chiede il commesso.
«Quello più vecchio che avete» rispondo.
Quando rientro a casa ormai è ora di cena.
La chat di gruppo è molto attiva. Vogliono tutti sapere della Carla.
Rispondo che Lea ha preso in mano la situazione e che non ci resta che aspettare. Nessuno chiede di cenare insieme. Fanno cadere la cosa e il messaggio che passa è chiaro: siccome non c'è La Carla, è inutile.
Ognuno rimane rintanato nel proprio appartamento con la promessa che il primo che sa qualcosa deve avvisare tutti gli altri.
Il display del cellulare si illumina, arriva un messaggio da un numero sconosciuto: "Scusa l'intrusione, sono Lea, mi ha dato il numero la nonna, tu sei lì ai tavolini per caso? Se sì, dovrei parlarti".
Rispondo immediatamente di sì e corro a mettere sul fuoco la moka.
Erano anni che non preparavo un vero caffè, almeno venti. A casa era il mio compito, quando c'erano ospiti a cena mia madre verso la fine diceva: «I caffè li fa Luca». E io correvo in cucina felice. Stavo in piedi senza perdere di vista la moka attendendo il fischio. E da quando fischiava contavo fino a dieci prima di toglierla dal fuoco.
Sento la voce di Lea che mi chiama dalla reception.
«Sono qui nella sala da pranzo» urlo.
Lea entra.
È a piedi nudi.
A me sembra un angelo di Victoria's Secret.
Indossa una vestaglia che ho visto molte volte addosso alla Carla, è di un materiale lucido blu notte, forse seta o qualcosa del genere.
Camminando, la vestaglia si apre e lascia vedere una gamba tonica, nervosa, chiara e sul polpaccio una chiazza rossa a forma di mela.

«Ma quella è una Bialetti» mi dice.

«Sì, l'ho trovata qui nei cassetti della cucina, giuro che non sapevo che ci fosse, però ho pensato che forse poteva farti piacere.»

Verso due tazzine di caffè e le faccio cenno di sedersi sulle poltrone.

Al primo sorso Lea fa una smorfia di disgusto.

«Sei sicuro che la moka fosse lì da tempo? Sicuro che non fosse nuova di pacca, mai usata?»

«Non ti capisco...» replico titubante.

«No, è che ha il tipico gusto di quando la moka è nuova e non è stata caricata e fatta andare un paio di volte, insomma, sa di guarnizione» mi dice.

«Colpito e affondato. Ora starò diventando tutto rosso vero? Sì, hai ragione, l'ho comprata oggi al centro commerciale qui vicino» rispondo, e forse sono arrossito davvero.

«Dammi qua.»

Si alza, prende la mia tazza e va verso l'angolo cottura.

È sorprendente come si muova tranquilla e sicura malgrado per lei sia una situazione nuova. Svuota la moka nel lavandino. La svita, apre un'anta per buttare il caffè nella pattumiera. Sembra che quei gesti li faccia da sempre eppure è la prima volta che entra qui.

È di spalle, sta riempiendo nuovamente la moka e mi dice: «Questa sera la riportiamo a casa, è meglio così. Deve fare delle flebo perché è molto disidratata e ha bisogno di un'assistenza domiciliare fissa».

Quando si gira ha gli occhi lucidi.

«Lea, posso fare qualcosa?» chiedo.

«Grazie, avete già fatto tanto, la nonna parla solo di voi, dei mesi splendidi che avete vissuto, è tutto il giorno che non mi parla d'altro che di tutte le cose che avete fatto, compresi i casini. Non la sentivo così vitale e serena da tanto, tanto tempo. E questo non può farle che bene per affrontare questa nuova crisi. Lo dici tu agli altri? Mi ha chiesto solo una cosa, un favore» dice.

«Tutto quello che vuoi» rispondo.

«Fra poco arriva l'autoambulanza, mi ha detto che preferirebbe che nessuno la vedesse andarsene via così.»

«Come se fosse già fatto, tranquilla. Ce l'abbracci tanto, da parte di tutti?»

«Certo. Toglimi una curiosità, tu hai idea di come mai mia nonna abbia nel cassetto del comodino un vasetto di vetro pieno di erba e una pipetta per fumarla?»

Nonostante il momento difficile mi viene da ridere. «Non ne sapevo nulla ma di certo so come se l'è procurata» dico. E le racconto la sera della festa e di Gino. Poi le domando: «Vuoi che la faccia sparire?».

«No, no, anzi, il medico era favorevole, così le può levare qualche medicinale rilassante e antidolorifico che danneggia il fegato. Dovevi sentire come barattava una fumata con due pastiglie al giorno.»

«D'altronde è La Diva di casa.»

«Sì, ed è mia nonna.»

Lea finisce il suo caffè, va a riporre la tazza nel lavandino; poi si avvicina, mi dà un bacio sulla guancia e mi augura buonanotte.

A palazzo

In questi giorni io e Lea ci siamo messaggiati. Mi ha raccontato un po' chi è, mentre lei di me sapeva già molto. La Carla le ha fatto una radiografia piuttosto fedele.

Vive a Parigi da sola, è appassionata d'arte e per vivere ha aperto con un'amica una piccola agenzia di guide turistiche.

Il tono dei nostri scambi è diventato via via più intimo, diciamo che è andato oltre una semplice chiacchiera tra conoscenti, senza diventare mai esplicito. Fino a che non mi arriva questo messaggio: "Senti, siamo entrambi abbastanza adulti da capire che stiamo flirtando. Ti dico subito che io sono abbastanza incasinata, amo Parigi, il mio corso di pittura e il mio lavoro, non voglio sembrarti stronza ma non so se me la sento di imbarcarmi in una storia. Non sto dicendo che non mi piaci, sto cercando di essere onesta e in questo momento una relazione non credo sia nelle mie priorità".

Ho riposto di getto, senza pensarci: "Tranquilla, non ci corre dietro nessuno. E comunque mi incuriosisci, oltre a piacermi".

Lea è diversa da tutte le altre ragazze che ho incontrato. È fatta di un'altra pasta.

Quelle con cui ho avuto a che fare fino a ora erano della tipologia figa lessa: ragazze che vogliono farsi corteggiare più per il gusto di sentirsi desiderate che altro. Finte santarelline che te la fanno annusare ma credono che sia sconveniente fare la prima mossa o dimostrare un interesse. Pensano ancora che l'uomo sia il cacciatore e loro le prede.

Io per primo non mi lasciavo mai condizionare dalle sensazioni che mi regalavano ma piuttosto dalla nomea che le precedeva, da come si atteggiavano o ostentavano il loro fisico.

Lea no, da donna libera e decisa con quel messaggio voleva fugare tutti i dubbi. Essere chiara, onesta. Aveva descritto delle sensazioni palpabili, ma al contempo ci teneva a dichiarare onestamente la sua situazione attuale. In quelle poche parole ci ritrovavo la stessa onestà della Carla; seppur in un linguaggio e in una modalità diversi, si vedeva che era sua nipote ed era vero che la nonna le aveva tramandato la libertà di pensiero, il rispetto e il coraggio.

Pochi giorni dopo Lea mi chiama per dirmi che alla Carla farebbe piacere averci a cena.

Così io e gli altri ora siamo sotto il palazzo della Carla. Manca solo Chantal, la aspettiamo per salire. Ed eccola che arriva con un trolley verde acido.

«Oddio, non avrai mica intenzione di trasferirti qui?» domanda Alex.

«E se fosse? È questo il palazzo? Azz!!!» fa lei.

Suoniamo Bonomi. La voce di Lea ci dà le indicazioni: quinto piano, poi l'ascensore di fronte per l'attico.

La porta dell'appartamento è socchiusa, entriamo in un salone che finisce con una vetrata aperta su una terrazza, dove ci attende una splendida tavola apparecchiata.

Arriva Lea.

«Allora, vediamo se ho studiato bene, tu devi essere Chantal, mia nonna mi ha detto che sei la regina della casa. Tu dovresti essere Alex, lo hai portato il cellulare? E voi Fabiola ed Ebo e il piccolo o la piccola nella pancia. Venite, accomodiamoci in terrazza, ora arriva anche la nonna.»

A me regala solo uno sguardo radioso.

Dalla terrazza si vedono le guglie del duomo e la Madonnina.

«Porca puttana, Lea, ma è bellissimo qui, una terrazza così

è un sogno e sai perché? È bella ma non sbrasona, è calda, accogliente, potrei comprarmi una casetta per gli attrezzi, piazzarla qua e viverci. Ma dicci, come sta?» chiede Chantal.

«Per il momento sono ancora viva e se vuoi venire a viverci per me non c'è problema, però non portarmi uomini sposati in casa. Moderna sì ma complice mai!»

La Carla fa il suo ingresso su una sedia a rotelle spinta credo da un'infermiera.

Teresa la segue come se fosse una bodyguard.

La Carla è più magra del solito, il viso è truccato, sicuramente per nascondere le occhiaie e il tono pallido della pelle. Che non stia benissimo lo capisco anche da come la guardano gli altri.

«Ecco La Diva! Stronza malefica, ci hai fatto prendere un colpo a tutti. Finalmente la vecchia è tornata, più smagliante che mai» dice Chantal.

«Ti conosco ormai, e so quando dici la verità e quando menti. Sai cosa fai quando dici le bugie? Arricci il naso e rimani con gli occhi fissi tipo squalo, mentre quando sei veramente tu, i tuoi occhi si muovono, parlano, cambiano continuamente direzione. Comunque per il momento sono ancora qua e, vi prego, almeno per queste poche ore non parliamo del mio stato di salute, già me ne devo occupare tutto il giorno. Godiamoci questa splendida serata di inizio maggio, è così raro vedere a Milano il cielo così terso e blu. Lea, vai a dire a Nuri che siamo pronti per cenare e mostra la cantina dei vini ad Alex, che come sempre sceglierà per noi» dice La Carla.

«Ma come? Sei tu che mi dici sempre quale devo prendere» risponde lui.

«Sono sicura che in tutti questi mesi qualcosa hai imparato e che te la caverai benissimo, chiedi a Nuri cosa ha preparato e poi vai a scegliere qualche bottiglia: una per la cena e una per il dolce e ora FILA VIAAAAA!» urla, facendo il verso a Chantal.

«Lo so che non vuoi parlarne, e ti chiedo scusa, ma noi siamo davvero preoccupati» azzarda Ebo.

«Davvero, Ebo e tutti voi, state tranquilli, quando si raggiunge la mia età bisogna fare anche i conti con la salute. Ma sto bene, sono consapevole che non posso sempre fare i cento metri. Ogni tanto bisogna stare sugli spalti a vedere gli altri che gareggiano.»

La sua voce è affaticata e il respiro affannato.

«Come stai Fabiola? Ho saputo che le visite dal ginecologo stanno procedendo bene, sappiamo qualcosa del sesso?» chiede La Carla.

«No, mi hanno detto che è ancora presto» risponde Fabiola.

«Vieni qua, fammi vedere la pancia. Quando io ero giovane dicevano che se è alta e a punta allora è un maschietto, mentre più tonda e bassa una femminuccia.»

La Carla prende tra le mani la pancia di Fabiola, l'accarezza dall'alto verso il basso.

«Ai miei tempi ti avrebbero detto che è una femminuccia, ma non penso sia vero, sono solo dicerie, anche se mi piace crederci. In ogni caso non ha importanza il sesso, sarà una bimba o un bimbo eccezionale, ne sono sicura. Ah, a proposito, Ebo, d'ora in poi devi stare attento alle voglie di gola di Fabiola. Un'altra leggenda narra che se la madre non soddisfa la sua voglia, che ne so, di cioccolato, di caffè o altro, la passerà al bimbo che si ritroverà sulla pelle una macchia cutanea. Lea, mostra la tua, quella che hai sul polpaccio. Mia figlia aveva voglia di mela, e a Lea è spuntata una mela rossa.»

Lea si alza il bordo dei pantaloni di lino, si mette in piedi e come se fosse una valletta televisiva ci indica la voglia rossa di mela.

Prima di sedersi mi lancia uno sguardo accompagnato da un sorriso che io leggo come un invito. E io quella mela me la sarei mangiata lì davanti a tutti.

La serata procede in maniera tranquilla. Finalmente siamo di nuovo insieme e per un momento sembriamo tutti aver dimenticato lo stato di salute della Carla. Chantal porta in terrazzo il suo trolley verde acido, lo apre e consegna a ciascuno una scatola bianca infiocchettata con un nastro d'argento e il nostro nome in bella vista.

«È la mia Monster Magic Box, dentro ci trovate delle creme personalizzate per ognuno di voi e, per Ebo e Luca, visto che Alex lo capirà subito, trovate anche dei trucchi base per uomo, dei fondotinta e del balsamo matita sopracciglia.»

«E tranquilli, non basta una matita e un po' di fondotinta per essere froci» aggiunge Alex.

«Alex, che succede? Questa è una battuta più da Chantal che tua!» esclama La Carla.

Sì, è tornato tutto come sempre, una sera come al solito, in cui noi ci sentiamo in connessione. Quelle sere magiche, leggere dove tutte le ore precedenti spariscono come d'incanto.

Puff!

Se n'è andata via la malinconia per la salute della Carla.

Puff!

Se n'è andato via lo sfratto.

Puff!

Se n'è andato via lo spettro della ripartenza di Lea.

La Carla chiede attenzione picchiettando un cucchiaio sul bicchiere, e dice: «Ma scusa, Chantal, ci paghi senza farci vedere il frutto del nostro lavoro? Eh, no! I patti erano diversi e mi sembrava che tu fossi stata chiara. Voglio vedere le fotografie e il video della campagna pubblicitaria, dove io ho avuto un ruolo primario, oserei dire fondamentale, degno di una vera Diva».

Ecco, come da copione, sta partendo lo show.

Chantal si alza in piedi, divarica le gambe e si mette le mani sui fianchi: «SENTILA!!!!! STREGA MALEFICA! Sei un po' *Eva contro Eva*. Vado a spiegare per gli eterosessuali che sicuramente non stanno capendo a cosa mi riferisco».

E girandosi verso Alex urla: «LO SO CHE TU LO SAI, GAY-NERD-MAESTRINO DEL CAZZO!!!».

Poi ricomponendosi continua da dove si era interrotta: «Ho citato un film cult e sottolineo cult dove una vecchia attrice viene fatta fuori da una giovanissima zoccola. Questo è quello che succede nel film. Qui, miei cari, la situazione si è ribaltata perché è la vecchia che vuole farmi fuori dalla mia campagna pubblicitaria, dalla mia linea di creme. Quella signora alcolizzata lì vuole togliermi il faro di luce che solo io detengo in questa casa e pensare, stronza, che ti ho insegnato tutto io» dice Chantal fingendo un semi casquè alla Raffaella Carrà.

Ridiamo tutti e ringraziamo Chantal che ogni volta riesce a deliziarci e divertirci con i suoi siparietti.

La Carla prende la parola: «Prima di scappare come Cenerentola, vorrei fare un brindisi all'ironia, all'intelligenza e al cinismo che, molto spesso, va a braccetto con l'intelligenza. Quindi a Chantal, una delle tante donne che mi sarebbe piaciuto essere».

Alziamo tutti i bicchieri e ci uniamo al coro.

E come sempre, anche questa volta La Carla ci ha regalato una lezione di vita, un insegnamento che ha il sapore delle cose buone e ormai lontane.

Del rispetto.

Dell'onestà.

Della riflessione.

E della capacità, che La Carla possiede e anche molti della sua generazione, di essere ancora una finestra aperta, curiosa verso ciò che ritiene solo apparentemente diverso e lontano da lei.

L'infermiera interrompe il brindisi dicendo alla Carla che la sua Killer stress la sta aspettando prima di andare di corsa a nanna.

Lei ci fa l'occhiolino e congedandoci ci sussurra: «L'ho barattata con un sonnifero e un antidolorifico. A presto, miei cari».

Appena La Carla se ne va, seguita dalla sua fedele Teresa, scende il silenzio, nessuno vuole rovinare con le parole la bellezza di questa serata.

Quando si fa l'ora di tornare a casa, io mi offro di restare per aiutare a sparecchiare.

«Maddai??? Che gentiluomo, a casa non ti ho mai visto portare un piatto nel lavello» commenta Chantal, maliziosa.

«Be', a casa c'è la lavastoviglie» rispondo, ironico.

«Ah, sì, certo, in questa casa sicuramente vanno al pozzo a lavare i piatti.» E andandosene via dice a Lea: «Ma come cazzo fai, stronza, a essere così fregna senza un filo di trucco? Ti odio».

È così

Lea dice a Nuri di andare a dormire, che a sparecchiare ci pensiamo noi e che il resto lo facciamo domani.

Nel silenzio di quella casa grande ma così intima cominciamo a portare pile di piatti e bicchieri in cucina, poi, senza nemmeno bisogno di chiedercelo, io e Lea ci ritroviamo sul divano in terrazza.

«Che stupida, non ti ho fatto nemmeno vedere la casa» mi dice.

«Non ce n'è bisogno, si capisce che è bellissima» rispondo.

«Sì, è bella, ma dopo un po' che ci stai ti dimentichi che lo sia, o almeno non è solo quello. Questo è l'unico posto che sento veramente come casa, anche se ormai ci passo sempre meno tempo. Nemmeno la casa dove sono cresciuta, quella dei miei genitori, mi fa lo stesso effetto. Non fraintendermi, anche quella era bella, ma non si è mai respirata un'aria così intima. Questo posto ti avvolge, ti coccola, ti fa sentire protetta. Vieni, devo assolutamente farti vedere una parte della casa che è la mia preferita.»

Attraversiamo il salone, ci incamminiamo in un corridoio ed entriamo in un secondo salone gemello.

Lea mi copre gli occhi con un palmo della mano. Sento che armeggia con l'apertura della vetrata.

«Aspetta, tienili ancora chiusi. Tre... due... uno... aprili.»

Lea aziona un interruttore e la terrazza si illumina di tante lucine piccole come lucciole. Quello che vedo è una meraviglia, un giardino che ha tutta l'aria di essere magico. A destra c'è un orto vero e proprio e a sinistra un miniparco piantumato con limoni, mandarini, fiori e poi divani e panchine. E tutto intorno solo il cielo.

C'è anche un pergolato di glicine con un dondolo, su cui è appoggiato un libro.

«Ma è fantastico, non sembra nemmeno di stare a Milano, è un luogo sospeso nel tempo... be', certo, deve essere stato semplice sentirsi a casa qui» dico.

Le prendo il viso tra le mani e la bacio.

Mi torna in mente un film di quando ero adolescente, dove c'era Leonardo DiCaprio e quell'attrice di cui non ricordo il nome... Lui era intento a guardare un acquario e poi, tra pesci di tanti colori, si accorge di lei. In sottofondo la canzone *I'm kissing you* di Des'Ree: Ti sto baciando. Dove sei adesso? Dove sei adesso? Perché ti sto baciando. Ti sto baciando.

Ma non glielo dico. È troppo stupido ed è solo un pensiero adolescenziale.

Mi prende per mano e mi porta su un divano in vimini sotto a un limone.

«Siete un gruppo fantastico, la nonna aveva ragione...»

Intuisco che mi voglia dire qualcos'altro, come se in questo gruppo avesse percepito una falla.

«Ma?» chiedo.

«Non fraintendermi. Posso parlare liberamente? Davvero è solo un'osservazione di una che ha uno sguardo esterno. Quello che vedo è un gruppo di persone che non si sono scelte, ma che hanno deciso di unirsi per colmare un vuoto. Fondamentale credo sia stato il ruolo della nonna, che vi ha messi uno di fronte all'altro e vi ha dato la possibilità di abbondonare la superficie e di scendere nel vostro profondo. E questo è bellissimo, non a tutti capita questa occasione. E poi ci sei tu. Tutto è partito da te, da un progetto che nella tua testa doveva fallire.»

«E infatti è fallito» dico.

«Aspetta, lasciami finire. Non credo che il progetto sia fallito, credo invece che ti abbia traghettato a un'altra consapevolezza della quale avevi bisogno, anche solo per uscire dalla palude in cui ti trovavi. Ma ora ne serve un altro, di progetto, intendo. Siete persone bellissime e in un certo senso anche speciali, ma credo che questa campana di vetro sotto cui avete deciso di vivere possa alla fine risultare... ehm... come posso dire, sterile, una prigione dorata. Penso che siate a un bivio. Potete decidere che il mondo siete solo voi, e non ci sarebbe nulla di male se ognuno di voi lo pensasse veramente e non lo vedesse invece come un rifugio. Quindi allora tanto vale fare una sorta di comune, che non sia un hotel ma, che ne so, un posto come questo giardino dove vivere solo di voi stessi. Conosco un sacco di persone, per lo più amici dei miei genitori, che a un certo punto hanno deciso di ritirarsi in luoghi tranquilli, lontano dalla città e dal suo ritmo. La Toscana, la Provenza, le isole. Tutti adulti che, dopo una vita spesa a rincorrere il successo, l'indipendenza economica, l'emancipazione, a un certo punto hanno deciso di staccare la spina. Di regalarsi una nuova dimensione, chiamandosi fuori da tutto e da tutti. E non ti sto parlando di gente ricchissima, sono persone normali, che hanno sempre lavorato. Ma poi hanno sentito il bisogno di un equilibrio diverso, hanno smesso di cercare nuovi stimoli, nuove situazioni. Hanno capito che per stare bene non avevano più bisogno di nulla, ma solo di vivere e bastarsi.»

«Hai parlato di bivio, questa è una strada, l'altra?» chiedo.

«L'altra prevede che, se non si è ancora pronti per il ritiro, diciamo, occorre mischiarsi con il mondo, salire sulla giostra e fare la propria corsa. Insomma aprirsi. Avete tutti più o meno trent'anni, potete ancora permettervi degli errori. La nonna mi ha sempre detto che la vita non è la somma degli errori fatti, quelli si continuerà sempre a farli, semmai è la somma delle esperienze vissute. Credo che a voi servano nuove esperienze. Non sto dicendo che dobbiate dividervi, solo prendere in considerazione che intorno a voi c'è dell'altro, e potrebbe darvi ancora di più, o comunque avete il diritto di provarci. La Carla a me ha insegnato proprio questo, di cercarla, la vita. Di capire cosa si ha intorno per poi decidere se fermarsi o continuare a cercare. Quando ero piccola e mi portava a prendere un gelato, ogni volta mi chiedeva che gusti volessi. Io rispondevo solo e sempre fragola e cioccolato, anche un po' offesa dal fatto che ogni volta dovessi ricordarglielo. Un giorno lei mi ha chiesto se fossi davvero sicura, se avessi mai provato altri gusti. Aveva ragione, non ne avevo mai provati altri. La prima volta che me lo avevano chiesto avevo detto quei due gusti, poi ho sempre ripreso gli stessi ogni volta. Non ti sto dicendo che dovete dividervi, tutt'altro. Avere magari un progetto comune, ma non solo bastarvi, aprirsi anche ad altro.»

Non c'è bisogno che aggiunga altro, ho capito perfettamente cosa vuole comunicarmi e il suono delle sue parole non mi è mai sembrato stonato. Ne condivido i concetti anche perché sono gli stessi che La Carla ci ha trasmesso in questi mesi.

«E ora che gusti prendi?» le chiedo.

«Li ho provati tutti, ma da qualche anno i miei preferiti sono tornati fragola e cioccolato.»

A colloquio

Sarà l'assenza della Carla. Sarà l'incubo dello sfratto imminente. Ma non sarei onesto se vi dicessi che in casa c'è la stessa aria di sempre.

Le cene sono sempre più brevi. Ogni tanto Fabiola prova a fare le veci della Carla e ci chiede cosa vogliamo mangiare ma il più delle volte spegniamo il suo entusiasmo con uno sbrigativo: "Non stare a sbatterti, prendiamo una pizza o del pollo arrosto". E rimaniamo a tavola solo il tempo necessario per finire quel cibo preparato senza la cura e l'amore a cui eravamo abituati. Solo Alex continua a occuparsi della *mise en place* come se La Carla fosse ancora lì tutti i giorni a dargli indicazioni e suggerimenti.

A tavola sono ricomparsi i cellulari. Parliamo e scherziamo ma la sensazione è quella di essere sospesi, congelati.

Alex un paio di volte ha anche invitato un ragazzo a cena. Si chiama Nico e lo ha conosciuto al lavoro, è il nuovo stagista. Nessuno ha mai fatto commenti, ma era palese che molti nutrivano delle perplessità in merito.

Questa sera Chantal lo ha messo in cuffia facendogli un sacco di domande, per la verità alcune anche sgradevoli.

«Posso sapere perché non ti piace Nico?» le chiede Alex, di ritorno a casa dopo aver accompagnato Nico alla fermata del bus.

«Io non ho mai detto che non mi piace» risponde Chantal.

«Pensa se ti piaceva» fa Alex.

«Ok, va bene, vuoi sapere cosa penso? Però poi non mi fai una scenata isterica delle tue che prima ti attacchi alle tende e poi ti chiudi a riccio, sbatti la porta e scappi.»

«Perché, l'ho mai fatto?» replica Alex.

«Non mi ricordo ma potresti benissimo farlo, in te c'è ancora un'adolescente capricciosa» dice Chantal.

Alex mette il cellulare sul tavolo, incrocia le braccia e piega il busto in avanti. Lo fa sempre quando una cosa gli va scomoda e soprattutto quando deve ascoltare una verità che non vorrebbe sentire.

«Posso essere diretta e chiederti una cosa, come direbbe La Carla?»

«Se proprio devi... dimmi.»

«Te lo trombi o stai pensando a qualcosa di diverso? Onesto, per piacere, e hai capito cosa intendo.»

«Be', mi piace, non credo sia solo sesso. Ha qualcosa che mi porta verso lui.»

«Ok, ci avevo preso. Allora, premetto che ho imparato ad amarti come un fratello e poi parto dal presupposto che la mia vita sentimentale sia peggio della tua. Ti sei mai chiesto come mai io ho storie solo con uomini sposati? Non ci vuole un dottorato in psicologia per capirlo ma te lo dico lo stesso. Perché è semplice. Perché è comodo. Perché non ti chiedono nulla. E io non chiedo nulla a loro. Con loro mi prendo la mia dose di fintume settimanale fatto di cene, aperitivi e poi un po' di sano divertimento. È un contratto tacito che stipuliamo reciprocamente. Loro vogliono evadere dalla loro routine, dalle pressioni del lavoro, dal solito ménage famigliare, da una moglie diventata molto più sorella che amante. Bene, eccomi. Arriva il parco giochi. Il cazzo non vuole pensieri, diceva una mia amica, pace all'anima sua. Io mi concedo il lusso di giocare all'amante, per prendermi un briciolo di serenità. Lo so benissimo che con loro non c'è e non ci sarà un futuro, un progetto. Non lo cercano loro e non lo cerco io. Come faccio a pensare a un progetto affettivo se non so ancora chi sono e cosa voglio? Ma nessuno si fa male in questo gioco. Siamo adulti e sappiamo dare un nome alle situazioni. E ora veniamo a te. Nico è delizioso nel suo caos. Le sue unghie colorate, i suoi capelli bicolore, i suoi vestiti presi al negozio dell'usato. È giovane, Alex, non sa ancora cosa vuole, quanti anni ha? Ventidue?»

«Venti» risponde Alex.

«E tu ne hai trentadue. Attenzione, non ne sto facendo un discorso anagrafico, di quello chi se ne fotte. Ti sto dicendo che lui non cerca le stesse tue cose. Tu sei una sorta di parco giochi per lui. Lui non credo lo sia per te. Siete distanti anni luce e francamente faccio fatica a vedere punti in comune sui quali poggiare le basi per un rapporto. Lui è in quella tipica fase della scoperta del mondo, anche con un po' di quell'arroganza che è tipica della sua età. Volutamente l'ho messo in cuffia con domande provocatorie, perché volevo che le risposte le sentissi tu. Lui ha voglia di fare le sue esperienze, come quando ci ha raccontato di aver preso un treno per arrivare a Istanbul con soli cinque euro in tasca nascondendosi dal controllore. È orgoglioso di raccontarci che quando va a Berlino vive con i punkabbestia occupando gli appartamenti e facendosi tutta notte di speed, ossicodone, ketamina ed Ecstasy. Si sente fiero di essere sceso in piazza e di aver spaccato le vetrine di Gucci perché sono un simbolo del capitalismo di massa e tutti quei paroloni che usa e che, tra l'altro, per me manco sa cosa vogliano dire esattamente. Per carità, ognuno di noi ha fatto le sue esperienze, ma noi l'abbiamo superata quella fase. Alex, io non voglio ritrovarti fra qualche mese con il cuore a pezzi e in down perché magari farà una cazzata o perché decide che il suo futuro sarà in Messico a farsi di funghi allucinogeni. Non voglio che tu ti senta responsabile della sua vita quando a tutt'oggi lui non fa nulla di responsabile. Ti conosco Alex, ti voglio bene. Tu hai bisogno di altro. Tu stesso sei ancora un gattino arruffato che ha bisogno che la sera qualcuno lo accarezzi e lo spazzoli. Ti serve qualcuno che ti conforti, che ti dica che sta andando tutto bene. Tu l'hai superata quella fase o forse manco l'hai vissuta, perché tu hai fatto un altro percorso, tu sei diverso. E non sto dicendo che in amore bisogna scegliere solo tra simili. Assolutamente no. Guarda Ebo e Fabiola, ti sembrano identici? Certo che no. Ma la vita li ha portati a sentire le cose allo stesso modo, seppur diversi hanno capito che potevano avere un progetto comune, perché alla base ci sono gli stessi bisogni e necessità.»

Alex non parla, con le braccia conserte guarda fuori dalla finestra.

«Credo che Chantal abbia ragione, Alex, se Nico ti diverte ok, divertiti, ma fai attenzione a investirci troppo, temo che non sia ancora pronto a darti quello di cui tu hai bisogno» dice Ebo.

Nelle nostre parole ormai riecheggiano quelle della Carla, in ogni situazione.

E proprio in quell'istante ricevo un messaggio: "Domani, se puoi, passi a trovarmi per due chiacchiere? Ti va bene a mezzogiorno? Non dirlo però agli altri. Grazie, La Carla".

Le mando una risposta di conferma e poco dopo, a turno, sento il suono del messaggio arrivare a tutti gli altri cellulari presenti.

Chantal mi guarda negli occhi. Io sostengo lo sguardo e ci capiamo.

Gli altri rimangono con lo sguardo fisso sul display.

Convocazioni

Arrivo con un po' di anticipo. Suono e la voce di Nuri mi dice di salire.

«Un caffè? La signora impegnata por diez minutos, entonces, se quieras aspettare qui o in giardino, donde te da gana» mi dice Nuri.

Vado in giardino e gironzolo per l'orto. Mi piacerebbe averne uno tutto mio, scrutare il calendario per decidere quale verdura o fiori piantare, e poi vigilare sui germogli che crescono. A casa mi piaceva quando la sera, dopo il tramonto, mia madre mi chiedeva di andare a innaffiare il giardino. Mi rilassava, era un modo per stare con me stesso, pensare o forse proprio l'opposto.

«Ahora puede.»

Nuri mi accompagna alla stanza della Carla. In casa ci sono un sacco di foto, credo siano i suoi figli e i suoi nipoti. Molte raffigurano Lea a tutte le età.

«Mi scusi, Nuri, ma Lea non è in casa?»

«No, è uscita pronto questa mattina, tuvo que ir a la galería.»

Intuisco che è dovuta uscire presto per andare in una galleria d'arte. Nella stanza della Carla c'è lo stesso profumo di lavanda che sentivo a casa. Qui però è mischiato a odore di medicinali.

«No la canses, por favor» mi ammonisce Nuri, ma questa volta non capisco.

«Dice di non stancarmi. Non preoccuparti, Nuri, Luca non mi affatica e vederlo è meglio di tutte quelle medicine che prendo. Vai pure e grazie.»

La Carla è a letto con vari cuscini dietro la schiena. Al braccio destro ha un ago collegato a una flebo. Dall'altro lato c'è un deambulatore con delle rotelle.

Mi siedo sul letto.

«Come stai? E questa volta dimmi la verità» le chiedo.

«Io ti ho sempre detto la verità, semmai ometto qualche parte. Comunque, diciamo non benissimo, o meglio, fatico a riprendermi. Questa crisi è stata più forte delle altre, ma è colpa mia. Siccome stavo bene ho cominciato a dimenticarmi di prendere le medicine e dato che non notavo la differenza, anzi mi sentivo molto più lucida e attiva, ho fatto di testa mia e ho deciso di non prenderle più. Non sai cosa voglia dire essere schiava di quel veleno che ti toglie i sapori, ti intorbidisce il cervello e il corpo. Sai quante pastiglie prendo al giorno? Dodici, da ormai più di quindici anni. È una schiavitù, oltre a quelle che mi servono per le mie patologie devo prenderne altre per ridurre gli effetti dannosi delle prime. Ho saputo che hai parlato con Lea del gruppo, mi piacerebbe sapere come stanno andando le cose e come stanno gli altri, veramente.»

Da quello che dice capisco che è in contatto con tutti, che li sente quotidianamente.

«Stanno bene, tutto sommato, un po' frastornati da questa situazione. La verità è che tu ci manchi. Ci manca il faro, chi riporta tutto alla realtà. Ci mancano i tuoi racconti e il tuo farci riflettere senza mai giudicare. Ma i tuoi insegnamenti cominciano a dare frutti. Chantal è un po' la tua vice, a modo suo, ma cerca di fare il lavoro che facevi tu.»

«Chantal è forte, è intelligente ed è accogliente. Certo, è anche una pentola a pressione, ogni tanto occorre farla sfiatare perché non scoppi. Ma è anche il suo bello, quella ragazza farà un sacco di cose e sono sicura che presto troverà anche lei la sua serenità. E tu come stai?»

E per qualche motivo, proprio ora, quella domanda mi fa

saltare la valvola. Come un materassino che devi sgonfiare per metterlo in macchina quando torni dal mare. Mi afflo- scio seduto su quel letto e comincio a piangere come un vitello. Per qualche minuto caccio fuori solo respiri e lacrime.

La Carla cerca la mia mano e il mio corpo si tranquillizza.

«Carla, è un casino. Tutto è successo così in fretta. Un giorno sei una cosa e il giorno dopo un'altra, totalmente diversa. Quello che credevi di sapere fino a ieri oggi non ha più senso.»

Le racconto di mia madre, di mio padre, del gruppo. Di chi ero prima e di chi sono adesso. Della paura dello sfratto, di Lea.

«Posso farti una domanda diretta?» mi chiede La Carla.

«Certo, come sempre, da quando ti conosco non fai altro che mettermi in cuffia.»

«È vero, all'inizio ti dava fastidio, vedevo il tuo sguardo che diceva: "Cosa vuole questa vecchia da me?", ma poi piano piano i tuoi occhi sono cambiati. Ho capito che mi stavo muovendo nella direzione giusta. E non perché fossi incuriosita dalla tue risposte, questo lo avrai capito, volevo che quelle domande ti ronzassero in testa e non ti lasciassero in pace finché non avessero trovato una risposta, la tua risposta. Che forse sarebbe arrivata giorni o mesi dopo... l'importante per me era invitarti alla riflessione. E con il tempo questa nuova consapevolezza l'ho vista ed è vero che sei cambiato.»

«È così. Ok, spara la domanda, allora.»

«Sono più di una. Alla luce di quello che ti ha raccontato tua madre, è cambiato qualcosa nei confronti di tuo padre? Cos'è a tutt'oggi tuo padre per te? Ritieni ancora che sia un demone da debellare dalla tua vita? Che fine ha fatto il tuo progetto di vendetta? Ha ancora senso? Questa situazione che si è creata, per la quale tuo padre vuole vendere la struttura, credi che sia una strada a senso unico o vorresti invece, che ne so, convincerlo che ti serve solo del tempo per dimostrargli che ci puoi riuscire a farla diventare un business reale, un'operazione sicura?»

Le sue parole corrono veloci nella mente ma non riesco a fissarle, appena ne acchiappo una mi scivola subito e ne prendo un'altra che riscappa ancora.

«Forse non te ne sei reso conto, ma prima, mentre parlavi, tra tutte le cose che hai elencato non ce n'è una negativa. Anzi sì, una c'è, lo sfratto, per ora. Ma per il resto sei solo sopraffatto da una quantità di cose belle e nuove che ti sono successe. E chiaramente ne senti il peso, perché non vuoi perderle, ma al contempo non sai come tradurle in qualcosa di diverso. Come diceva qualcuno, la felicità non esiste, però possiamo almeno ambire a essere sereni.»

«Hai ragione, come al solito, ma ora a tutte le domande che mi hai fatto non riesco a rispondere. Se lo facessi non sarei onesto, ti direi delle cose tanto per dire... ho bisogno di tempo. Ora sono solo, spaventato, preoccupato. Per anni non mi è successo nulla ed ero convinto che avrei continuato a galleggiare senza lasciarmi sopraffare dagli eventi... è un bel casino, ma una cosa te la posso dire: sono contento di essermi infilato in tutto questo casino, sono spaventato ma emozionato e per la prima volta mi sento vivo.»

«È normale che tu sia spaventato. Davvero è normale, Luca. Hai passato più di dieci anni della tua vita nella totale indifferenza e ora alzando la testa ti sei accorto che può esserci qualcosa di diverso. Certo, prima non dovevi fare nulla, galleggiavi, come hai sempre detto tu. Minimo sforzo massimo rendimento. Ora devi nuotare e sicuramente farai più fatica, ma avanzi, scoprirai nuovi posti, vivrai nuove emozioni. Ti arrabbierai anche di più, ma solo perché finalmente avrai qualcosa in cui credere e qualcosa per cui batterti. Lasciatelo dire, ti sta capitando un'occasione unica, che a non tutti succede, molti continuano solo a galleggiare. E vedrai che il tempo farà la sua parte e ti indicherà un nuovo ordine di priorità.»

«Ne sono sicuro e con il tuo aiuto sarà tutto più semplice...»

«La vita è fatta di coincidenze, a volte incontri persone che giudichi più interessanti di te e forse per questo le ascolti di più. Ma in fondo sono solo persone come te, e se agganciano il tuo interesse e generano in te un cambiamento è solo perché tu sei pronto a farlo, perché quel cambiamento era già in atto. Le persone che incontri lo accelerano soltanto.»

Non so perché ma sento in quelle parole il presagio di qualcosa di poco piacevole, è come se La Carla mi stesse dicendo: "Io non sarò sempre nella tua vita".

Quella donna ha il dono di tradurre in parole i miei pensieri, le mie paure. Ora, i casi sono due, o io sono un libro aperto o lei è un genio.

«Ma se io ti chiedessi di dirmi come ti vedi fra dieci anni e un desiderio?» mi domanda La Carla.

Io sgrano gli occhi e la fisso. «Allora ha ragione Chantal! Tu sei *Eva contro Eva*! Questa domanda che mi stai facendo è simile alla mia, se non sbaglio ve l'ho fatta il primissimo giorno in cui eravamo tutti insieme. Sanguisuga!»

«Vedi? Chantal ci ha arricchito tutti, anche noi adesso usiamo la sua ironia, perché ce l'ha insegnata lei. È questo che voglio dire, gli altri ci possono arricchire, se noi siamo disposti ad accoglierli. Sai come ti risponderebbe ora Chantal? CHE ME NE FOTTE DI CHI È LA DOMANDA, RISPONDIII!!!»

Scoppiamo a ridere.

«Be', sì, la risposta ora sarebbe diversa da quella di allora. Mi piacerebbe avere un lavoro che mi soddisfi pienamente, magari legato all'organizzazione. L'esperienza di questi mesi non mi è dispiaciuta. Sì, credo che gestire un'attività mi piacerebbe, magari non un hotel, visto che tu mi hai detto che sono negato.»

«No, non ti ho mai detto questo, ti ho detto che si vedeva che non ti era mai interessato quel tipo di lavoro, forse anche perché era legato a una vendetta, o sbaglio?» mi dice.

«Sì, hai ragione... poi vorrei finire l'università. E poi basta, per ora queste sono le due mete che vorrei raggiungere, e vorrei farlo sentendomi sereno.»

«Ci sarà anche spazio per l'amore, spero! E non mi riferisco solo al genere femminile.»

Sono sicuro che in quel momento nella sua testa ronzano i nomi di due persone: Lea e mio padre.

E ha ragione, alla luce di quello che mi ha raccontato mia madre, le cose sono diverse da come le ho sempre credute. Non dico che improvvisamente mio padre sia diventato un santo, ma è inevitabile che debba rivedere totalmente il mio rapporto con lui.

Chiacchieriamo ancora un po' e poi ci salutiamo con un abbraccio.

Prima di andarmene torno in giardino. Lì, in quel momento, anche se confuso e con mille file aperti, finalmente mi sento vivo e più forte.

Prendo l'ascensore, esco dal portone e dall'altra parte della strada vedo Ebo e Fabiola.

Non ci serve parlare, sorridiamo e ognuno di noi tre sta pensando che La Carla è veramente la numero uno, a turno oggi vedrà tutti.

Buonanotte

Lea non risponde ai messaggi, sono ormai due giorni che tace. Tranne per un sms lapidario di questa mattina in cui mi diceva di essere incasinata e che si sarebbe fatta viva appena possibile.

Siamo a cena tutti insieme. Fabiola ha cucinato un couscous di pollo prendendo una ricetta della Carla. Alex ha scelto uno Chardonnay, un vino fresco «che non copre il sapore del pollo e delle verdure», ci ha tenuto a specificare.

«E quella cos'è?» gli chiedo.

«Non c'erano i fiori e quindi ho scelto come centrotavola una tazza con delle matite colorate. Lo so, non è la stessa cosa, ma comunque fa allegria» risponde.

Ci scambiamo poche parole e tutte poco naturali, c'è qualcosa che non ingrana.

Ci guardiamo con fare indagatorio ma nessuno osa parlarne. Tranne Chantal. Eccola che parte, si alza in piedi e prende fiato.

«DAI, BASTA!!! EDDAI!!! È assurda questa situazione. Lo sappiamo tutti che ognuno di noi oggi ha visto La Carla, anche se ci ha fatto promettere di non dirlo. Ma sono anche certa che lei vorrebbe che sfanculassimo questo patto e ne parlassimo tra noi.»

«Ne sei sicura o come al solito pensi a te stessa?» chiede Alex.

«Più che sicura. Tra le tante cose che ci ha insegnato quella santa donna... perdonami, Britney, non sto parlando di te... c'è quella di tirare fuori sempre tutto e confrontarci. Comunque io esprimo il mio parere e dico che a me, invece, piacerebbe parlarne.»

Prendo la parola.

«Sì, in un certo senso hai ragione, ma io ho promesso e per quanto mi riguarda rispetto il suo volere. Posso dirvi solo che mi ha chiesto di voi e poi mi ha fatto la stessa domanda che avevo fatto io a voi qualche mese fa.»

«Idem» dicono insieme Ebo e Fabiola.

«Idem» aggiunge Alex.

«Cazzo, mi sbaglierò ma mi puzza di bruciato, quella stronza sta tramando qualcosa. Scusate, ma per quale motivo allora ci ha voluto vedere singolarmente?» chiede Chantal.

«Non ne ho idea e francamente non sento il bisogno di saperlo. Io di quella donna mi fido ciecamente e se ha voluto comportarsi così sono sicuro che ci saranno delle ottime e personalissime motivazioni. Per quanto mi riguarda aspetto che la storia faccia il suo corso» rispondo, un po' piccato.

Il display si illumina, è un messaggio di Lea: "Ehi, scusa ancora se sono sparita, ma è stata una giornata piena. Siete tutti lì? Se non disturbo faccio un salto, volevo dirvi una cosa della Carla. Chiedi agli altri e fammi sapere. Baci, Lea".

Rivolgo agli altri la domanda per pura formalità e senza aspettare la risposta le scrivo subito di venire quando vuole.

«Cosa ci vorrà dire?» chiede Alex.

«Non ne ho idea» rispondo.

«Secondo me La Carla va da qualche parte» dice Ebo.

«Ma no, che dici? Ha una flebo attaccata al braccio, dove può andare?» dice Chantal.

«Oggi quando siamo entrati in stanza c'era una valigia aperta con dentro delle cose. Boh, ho pensato che fosse sua» continua Ebo.

Ebo parla poco ma ha una memoria fotografica molto precisa. Già altre volte mi aveva sorpreso come si ricordasse anche dei minimi particolari, che io nemmeno avevo notato.

«Quella non va da nessuna parte! Ho la festa del lancio della linea di creme e lei è la guest star della serata. La regina. C'è pure un video di tutti noi, il backstage del set fotografico. Le sto facendo costruire un trono d'oro con swarovski grossi come arance» dice Chantal.

Ed ecco che all'improvviso La Carla è ancora lì con noi. Alex corre a scegliere un'altra bottiglia da berci ora. Fabiola inizia a ragionare su cosa cucinerà domani. E Chantal durante il suo solito show, in cui si alza, cammina, urla e fa mille moine, alla fine va a sedersi sulla sedia della Carla, che fino a quel momento è sempre stata vuota.

E questo mi sorprende e il mio cuore si allarga. Perché in quel gesto, che può essere frainteso, io ci vedo solo un modo per sentirla più vicina.

La serata continua così, ci sentiamo di nuovo un gruppo e La Carla, anche se assente, guida le nostre azioni e le nostre parole. Poi Ebo e Fabiola tornano nel loro appartamento e Alex e Chantal si sono addormentati uno sull'altra guardando in tv un documentario su una specie rara di squali.

Sto quasi per andarmene anch'io a dormire quando arriva Lea.

«Come stai?» le chiedo.

«Stravolta, è dalle nove che corro senza fermarmi. Dai, svegliali che vi devo dire una cosa» mi risponde.

Ci racconta che gli esami sono ancora sballati e che domani accompagnerà La Carla in Svizzera per farla vedere da uno specialista che l'ha già in cura da svariati anni. È l'unico di cui si fida.

«Se vuoi posso venire con te» le dico.

«Grazie, ma non è necessario, e poi La Carla mi ha fatto promettere che nessuno di voi deve azzardarsi a seguirci. Lo sapete com'è fatta, tanto speciale quanto testarda.»

Alex e Chantal si ritirano nelle loro stanze, non prima di aver raccomandato a Lea di dare notizie.

Io e Lea ci ritroviamo da soli. So che se non lo faccio ora non lo farò mai più, così prendo il coraggio a quattro mani e le chiedo: «Vuoi fermarti qui?».

«Non ho nulla con me» mi risponde, ma almeno non è un no.

«Ti dimentichi che questo è anche un hotel, oltre alle stanze libere ci sono accappatoi, spazzolini da denti, bagnoschiuma e ciabattine» le dico.

«Cretino! Ok, mi fermo ma a una condizione. Promettimi che qualsiasi cosa succeda rimarrà qui tra queste mura e solo per questa notte. Se nei prossimi giorni ci ripenseremo con un po' di nostalgia e un sorriso allora vuol dire che abbiamo un problema e più in là ci penseremo. Magari invece non succede nulla e a posto così. Affare fatto?»

«Affare fatto» rispondo.

E mentre Lea si alza e va verso la cucina dove intercetta del couscous avanzato e se lo mette in un piatto, io capisco che il problema ce l'ho già.

Mi piacerebbe che si trasferisse qui, che entrasse nella mia vita e che mi aiutasse a sbrogliarla. Con lei mi sentirei più forte e più uomo.

Ma occorre essere in due per questo e di certo io non posso forzarla.

Lo so che volete sapere com'è andata con Lea.

Ma non ho mai amato chi racconta la propria intimità o le proprie esperienze sessuali e di certo non comincerò ora.

Non è una forma di bigottismo, semmai di pudore. E non è nemmeno una forma di provincialismo, piuttosto una sana abitudine a trattenere qualcosa per se stessi, per avere dei ricordi solo nostri e unici.

In un periodo storico dove la condivisione è un must, la riservatezza per me ha assunto un valore fondamentale.

Vi dico solo che sono stato molto bene e che tutto si è svolto in una cornice di semplicità e spontaneità.

Finale

Il gruppo è abbastanza nervoso. Per tre giorni non abbiamo ricevuto notizie della Carla. Lea dice solo che è stazionaria e sta facendo ulteriori esami.

Poi alla chat del gruppo è arrivato questo sms dalla Carla: "Scusate, mi sono eclissata per un po'. Sono stati giorni di pensieri, di ricordi e di nodi da sciogliere. Per fortuna mi sono serviti. Un abbraccio a tutti e state sereni. Presto mi farò viva. Vi voglio bene, vostra La Carla".

Tutti abbiamo risposto ma nessuno ha ricevuto un messaggio di ritorno. Solo Chantal ha insistito, le ha mandato tre messaggi, l'ultimo diceva: "Ehi vecchia alcolizzata, come la mettiamo con il mio party di inaugurazione? Speravo tanto che ci fossi. Saresti stata l'unica stella della serata. Manchi tantissimo. Diamanti diamanti diamanti e RISPONDI!!!".

Qualche ora dopo è arrivata la risposta: "Andrà tutto benissimo, ne sono certa. Sarà un successone e io sarò lì accanto a te, vicina a voi. Vi voglio bene, La Carla".

Beautiful Monster

Davanti al locale c'è un sacco di gente. Alex in questi giorni ci ha riferito che sui social lo definiscono l'evento dell'anno a Milano.

Molti hanno ritirato fuori la storia della "trans cocamil'ano" pompando e pubblicizzando ancora di più la serata.

Gino, il nostro Mr Killer stress, ci intercetta fuori dal locale e ci scorta dentro.

Mi aspettavo una cosa spettrale, insomma mostruosa. Invece sembra di stare più in paradiso che all'inferno. Ci sono delle luci sparatissime, che accecano, tanto è vero che all'ingresso ci sono delle ceste con varie tipologie di occhiali da sole. Noi abbiamo preso tutti quelli a fascia, come quelli che usa Chantal.

La sala è puntellata da stalagmiti di ghiaccio che liberano fumo, con sopra le varie creme. Al centro della stanza c'è un ring con un trono in plexiglass tutto tempestato di swarovski.

Incontriamo Paula e Marika, ci dicono che Chantal è agitatissima, intrattabile, e sfancula tutti a rullo.

Non mancano i soliti ragazzotti semisvestiti che girano in pattini offrendo lattine di vari colori, tutte con la scritta "Beautiful Monster", ma nessuna sigaretta magica.

A un tratto la musica si abbassa e i laser proiettano una scritta tridimensionale che dice: GAME OVER.

Si spengono improvvisamente le luci.

Tutto è buio.

Poi si diffonde la voce di Chantal, amplificata e leggermente modificata: «Sì, game over. Voi siete i prescelti. Gli eletti. SBARRATE LE PORTE!!! Sì, è così, è tutta la vita che le chiudono davanti a me. Questa sera voglio farlo io. Quindi... SALAGADULA CHITTESENCULA BIBIDIBOBIDIBÙ FAI LA MAGIA CHE TI PIACE DI PIÙ VAI A FANCULO ANCHE TU».

Otto ragazzotti corrono verso l'uscita, sbarrano i portelloni e si dispongono ai lati, come guardie.

«Perché qui, stasera, voglio solo Beautiful Monsters!»

Si accendono dei fasci di luce dal basso verso l'alto, come a formare un triangolo con la punta rivolta all'insù, sopra il ring.

Parte la canzone degli Evanescence, appunto *The game is over*.

Dall'alto scende una voliera gigante, con dentro Chantal. Indossa un abito aderente giallo canarino con uno strascico che pende fuori dalla voliera e delle piume sulle spalle.

Di fianco a lei un cane immobile.

Ah, è vero, mi sono dimenticato di dirvi una cosa.

Vi ricordate quando ancora spiavo gli appartamenti con le telecamere di sicurezza?

Vi ricordate che vi avevo detto che sul letto di Chantal c'era una specie di peluche di un cane?

Ma ancora prima, vi ricordate quando al colloquio al bar mi disse che aveva un cane muto?

Ur-ano, questo è il nome del cane.

Chantal lo aveva trovato per strada quando lei aveva undici anni e lui era ancora un cucciolo. Sicuramente qualche stronzo lo aveva abbandonato, ma anche se sporco e con le pulci non era messo poi così male. Lo portò a casa e suo padre ebbe un altro motivo per riempirla di botte.

Da quel giorno però Ur-ano non l'ha mai mollata, era la sua ombra.

Sei anni dopo, quando lasciò quella casa, si portò via un

trolley con dentro poche cose e Ur-ano. Era l'unica cosa che voleva di quel passato.

Sette anni dopo anche Ur-ano la lasciò, ma lei non era ancora pronta per separarsi da lui. Quindi lo portò da un imbalsamatore e se lo fece impagliare.

Ora eccolo lì, Ur-ano a fianco della star, immobile e regale.

La voliera atterra nel ring, di fianco alla poltrona swarovski.

Lei esce e il pubblico urla.

«Ammazza quanto è bella» grida Fabiola cercando di sovrastare la folla.

Un ragazzotto le passa un microfono.

«Ciao, Beautiful Monstersssssssss, non preoccupatevi, non voglio annoiarvi, vi rubo solo pochi minuti, poi potete tornare a fare quello che sapete fare, bere, ballare e non pensare.»

E poi cambiando tono di voce e urlando come una posseduta come al suo solito: «CAZZO, CON TUTTO QUELLO CHE HO PAGATO PER QUESTA FOTTUTISSIMA SERATA, POSSO PRETENDERE LA VOSTRA ATTENZIONE PER UNA MANCIATA DI FOTTUTISSIMI MINUTI???».

In un attimo si ritrasforma e torna normale, con voce candida: «Voglio presentarvi la mia musa ispiratrice, la madre di tutti. L'unica, la sola, La Carla».

Ci guardiamo attoniti, la cerchiamo in tutta la sala. Aspettiamo che in un qualche punto si accenda un faro e che lei appaia.

E in effetti lei compare, ma in video.

È nella stanza di una clinica, sicuramente in Svizzera.

«Ciao a tutti e benvenuti a questa serata evento per il lancio della crema Beautiful Monster di Chantal. Io di cosmesi non ne so nulla, ma conosco la splendida creatura che l'ha inventata. E se quella crema ha solo un decimo delle sue qualità, credetemi, deve essere miracolosa. Siamo tutti dei mostri bellissimi e mi auguro che prima o poi smetteranno di metterci in gabbia. E ora basta, ballate! Musica!»

La sala si riempie di una musica martellante, la gente esulta, nella Carla vedono solo una trovata pubblicitaria: una vecchia che pubblicizza una crema anti-age.

Ignorano.

Non sanno che qui non c'è fiction, nessun messaggio subliminale.

Solo una grande donna.

Mentre la gente balla, viene trasmesso in loop un video con il backstage nella fabbrica dismessa. I nostri faccioni enormi vengono sparati ovunque. Sopra, sotto, a destra, a sinistra. Sembra un videoclip.

Chantal ha alternato il backstage con la scritta "Vero" ad alcune immagini della trasmissione che ci aveva sputtanato con sotto la scritta "Falso", e infine, prima che riparta il loop, appare la frase "SVEGLIA! DECIDI DOVE STARE".

La serata scorre in maniera piacevole. Beviamo, balliamo, ridiamo, ma di Chantal nemmeno l'ombra. Come tutte le vere star non vuole inflazionare la sua immagine ma fa solo delle apparizioni lampo, dice qualcosa e poi si eclissa di nuovo.

Eccola che esce ancora. Si è cambiata d'abito, ora indossa una tunica lunga verde acqua con una pioggia di diamanti che impreziosiscono la scollatura a V, che chiaramente le arriva all'ombelico.

«Rieccomi, questa volta voglio la vostra attenzione perché ci tengo particolarmente a mostrarvi un video, un breve cortometraggio che darà anche un tocco politico alla serata. Tranquilli, non è né noioso né banale, anzi… sono sicura che da questa visione qualcuno di voi uscirà arricchito.»

«No, giura che lo sta facendo davvero…» dice Alex.

«Cosa? Cosa sta succedendo?» domando.

«Chi l'ha scritto, girato e montato» prosegue Chantal «è una delle persone più meravigliose che ho avuto la fortuna di incontrare sulla mia strada. Mostri e mostrini, ecco a voi *Le donne accolgono* di Alex Bollati.»

Ci giriamo tutti nella direzione di Alex. Ma in quel preciso momento nella sala cala il buio.

Si accende il led centrale, quello gigante, e sullo schermo appaiono cinque donne nude che camminano verso di noi.

Si coprono i seni e il pube con le braccia, sulle quali ci sono delle scritte tipo tatuaggi.

Man mano che le donne si avvicinano riconosco Maria De Filippi che sulle braccia ha scritto: "Liberi di essere ciò che si vuole".

Sabrina Ferilli: "Non seguire il branco".

Emma Marrone: "Hai una testa, usala".

Fiona May: "Accettare, accogliere e confrontarsi".

Milena Gabanelli: "Liberati dal pregiudizio".

Dopo di che partono delle testimonianze di donne comuni: mamme, nonne e sorelle che raccontano la loro esperienza nel vivere la "diversità" di una persona che amano.

La chiusura del video è affidata di nuovo alle cinque vip.

Le parole che mi hanno colpito di più sono state quelle di Emma e Maria.

Emma: "Siamo un popolo di ignoranti senza nessuna curiosità di verità. Molte volte per essere accettati ci si allinea a un pensiero altrui, magari del più forte. Abbiate il coraggio di dire sempre la vostra verità anche se è diversa da quella della massa. Abbiate il coraggio di metterci la faccia, io lo faccio sempre. All'inizio può far male, ma poi vi regalerà il dono più prezioso: la libertà".

Maria: "Cambierebbe qualcosa se vi dicessero che il vostro medico, la vostra pediatra o il pompiere o il portinaio sono omosessuali? Pensateci. Il medico continuerebbe a curarvi come ha sempre fatto, vostro figlio crescerebbe comunque sicuro con la vostra pediatra. Il pompiere continuerebbe a salvare vite e il portinaio a smistarvi la posta e curarvi l'appartamento quando voi siete al mare… è solo questo che conta".

Gli invitati accolgono il video con uno scroscio di applausi, e Alex, nonostante la sua timidezza, se lo prende tutto, è raggiante e commosso.

Andiamo nel camerino di Chantal per respirare un po' in un luogo tranquillo, dopo tutte queste emozioni. Lei è fuori a fare selfie con dei cretini che sicuramente fino a ieri le dicevano le peggio cose.

Oggi è la nuova eroina.

Coglioni.

Chiedo ad Alex se mi gira qualche video della serata da mandare a Lea per La Carla. Lui risponde che le immagini dell'inaugurazione sono già in rete e stanno facendo il botto. In particolare il meme di Chantal che urla "SBARRATE LE PORTE". Anche il video di Alex sta facendo il giro di tutti i social ed è già stato ripreso da numerosi blog importanti.

Quando Chantal rientra è felice, elettrizzata. Ci comunica che Beautiful Monster è già esaurita nei preordini e quindi deve tornare subito in produzione per soddisfare le numerose richieste.

Ci congratuliamo con lei, forse nessuno si aspettava un successo così grande. Poi le chiedo spiegazioni sul video della Carla.

«Guarda, lì c'è un mistero vero. Io pensavo che me l'avesse fatto dopo quel messaggio in cui diceva che ci sarebbe stata comunque, anche perché mi è arrivato circa un'ora dopo. Poi, riguardando il video ho notato che l'orologio digitale che aveva alle spalle indicava la data di due giorni prima. Quindi o l'aveva già girato o l'orologio era sballato.»

«Lo trovo molto improbabile che fosse sballato, parliamo di una clinica in Svizzera, figurati, quelli sono proprio famosi per gli orologi» commenta Ebo.

«Boh, allora non capisco, sta di fatto che quella donna riesce sempre a sorprendermi» dice Chantal.

«Comunque ha detto che sarebbe stata al tuo fianco e vicino a noi e lo ha fatto» dice Ebo.

Chantal riaccende il suo cellulare, per trenta secondi si sente una pioggia di avvisi di messaggi in arrivo. Saranno un centinaio. A ogni messaggio che legge gli occhi le si fanno più brillanti, sembra una bambina di fronte a un magazzino di giocattoli.

Poi il suo volto cambia di colpo. Le labbra si chiudono in una smorfia arrabbiata.

«Vaffanculo, vaffanculo vaffanculo» esclama.

«Che c'è, amo'?» chiede Fabiola.

Chantal gira il display affinché tutti possiamo leggere.

La persona è memorizzata come "LEI".

"Mi hanno girato dei video della tua serata. Brava, ce l'hai fatta, l'ho sempre saputo. Mamma."

«Vi rendete conto di che faccia tosta? Il coraggio di questa donna? L'ultima volta che l'ho sentita risale a due anni fa. No, adesso dovete vedere con i vostri occhi, altrimenti sembro una matta. Guardate il messaggio prima di questo, è l'ultimo che mi ha inviato, appunto, circa due anni fa.»

Chantal con il dito scorre il display e ci mostra il messaggio: "Sei la vergogna di questa famiglia, meno ti fai sentire, meglio è per tutti".

«Ma vi rendete conto, quella stronza? Io non ho parole» dice Chantal.

Ebo scuote la testa, poi dice: «Quella stronza è tua madre e forse, come tutti, ha anche lei il diritto di sbagliare. Lo so che tu ci vedi il marcio, è normale, lo vedremmo tutti. Ma è pur sempre tua madre. Tu ne hai ancora una. Pensaci. Se credi che tua madre si meriti il tuo affetto, o che in un certo senso possiate ricominciare ad avere anche solo un rapporto civile, be', questa è un'occasione per capirlo. Poi sarà il tempo a dimostrare se lei è mossa da interesse o meno. Insomma, forse le devi una possibilità».

La Carla ci aveva trasformati tutti. Questi discorsi di speranza, solo sei mesi fa, non ci avrebbero mai attraversato il cervello.

Nulla è come sembra

Il giorno dopo la festa abbiamo ricevuto nella chat del gruppo un messaggio della Carla che si congratulava per il successo della serata. Poi altri tre giorni di silenzio.

Questa mattina ne è arrivato un altro: "Rieccomi nella mia Milano, questa sera avete un appuntamento per un aperitivo in giardino, vi aspetto alle diciannove. La Carla".

Il gruppo è euforico. Chantal vuole trovare un'idea per sorprenderla, è tutto il giorno che spara cazzate a raffica.

«Vestiamoci tutti da moglie di Frankenstein.»

E poi, subito dopo: «No, no, vestiamoci tutti da "la più bella di Ferrara"».

E poi ancora: «No! Vestiamoci tutti da sposa».

Alla fine arriva un'idea di Fabiola, all'inizio non ci convince ma poi optiamo per quella.

Ci facciamo delle maschere in cartone tutte con il viso della Carla e ci presentiamo così.

Nuri ci fa entrare senza dire una parola.

Andiamo in giardino dove è stato allestito l'aperitivo.

Ad attenderci c'è un signore distinto che apre una valigetta e mi consegna una busta.

Noi indossiamo ancora tutti la maschera della Carla.

«Da parte della signora Carla» mi dice.

Siamo nel centro di Milano eppure c'è un silenzio incredibile.

Mi levo la maschera.

Il documento è scritto in quella lingua legale, formale, notarile così contorta che per capirne il significato devo rileggere più volte.

«Minchia, ti sbrighi?» sbotta Chantal.

«Nulla, l'hotel è nostro. Ce lo ha comprato e tutti noi siamo i proprietari» dico, sgomento.

Tutti si levano la maschera.

Nessuno esulta. Ognuno sta facendo delle ipotesi in silenzio.

Rimaniamo congelati con lo sguardo smarrito.

Alex comincia a gridare il nome della Carla. «Dove sei? Carla, vieni fuori, Carla!!!»

Ma sappiamo benissimo che La Carla non arriverà.

Appare invece Lea e in un attimo mi è tutto chiaro.

«La Carla non c'è, oltre alla lettera che vi ha appena consegnato il notaio, qui ne ho altre per tutti voi. Chantal, la nonna vuole che tu vada a leggerla sotto il glicine. Ebo e Fabiola, voi nell'orto. Alex, sotto i gelsi. Luca, sotto il limone.»

Come dei soldati silenziosi, senza tradire nessuna emozione, ognuno prende la propria lettera e va nel posto indicato.

Il glicine

Chantal è seduta sulla panchina sotto il glicine.

Una leggenda vuole che il glicine in origine fosse una pastorella perseguitata dalla tristezza e dalla malinconia.
Un giorno la sua disperazione fu così tanta da ispirarle un pianto senza fine, durante il quale le sue lacrime cominciarono a trasformarsi in fiori viola e i suoi arti in numerosi rami.
Ma il glicine è anche simbolo di femminilità, sensualità, oltre che di amicizia e riconoscenza.
Questa pianta per me sei tu, Chantal.
Il suo grappolo viola sembra inchinarsi per renderti omaggio.
Anche io voglio farlo.
Alle persone speciali come te va solo reso l'onore di esistere.
Non sai quanto tu mi abbia svegliato dal mio torpore e quanto tu abbia alimentato la mia curiosità.
Mi hai insegnato cosa sia la perseveranza, la volontà e anche cosa sia il dolore. Il mio davanti al tuo si è fatto piccolo piccolo.
Mi hai insegnato l'ironia, un'arma potentissima e indispensabile per continuare a lottare.
Con te ho imparato che ridere è il vero segno della libertà.
Mi hai insegnato non solo che la migliore libertà è essere se stessi, ma che è meglio una libertà pericolosa di una schiavitù pacifica.

Ma permettimi di darti un consiglio.
Anche il più valido guerriero ogni tanto si riposa.
Torna a casa e trova qualcuno con cui riprendere fiato e curare le ferite.
Non pensare che non esistano persone pronte ad accoglierti.
Promettimi che anche tu crederai di più nel potere dell'amore.
È giunto il momento di capire che anche tu puoi essere amata.
Sotto un glicine come questo ho passato i momenti più belli della mia vita con mio marito e prima ancora mia madre con mio padre.
Regalati anche tu una possibilità come questa.
Un'ultima cosa, sono sicura che la tua linea di creme sarà un successo e, siccome ora sei anche proprietaria di un hotel, che ne dici di aggiungerci anche una spa grazie all'aiuto delle tue creme?
Com'è che si chiamano ora, "Boutique Hotel", vero?
Pensaci, potrebbe essere una buona occasione per avere un centro estetico tutto tuo e inoltre darebbe maggior linfa vitale al progetto.
Grazie per essermi stata amica.
Grazie per avermi regalato la possibilità di conoscerti.
Ti amo.

La Carla

I gelsi

Alex è seduto sotto il gelso, appoggiato con la schiena al tronco.

Lo sai che il gelso è definito l'albero più saggio tra tutti?
Perché più di tutti ha il dono della pazienza.
Aspetta che le gelate più tardive passino per poi vestirsi nuovamente di foglie rigogliose.
Tu sei così.
Cammini nella tempesta, poi ogni tanto trovi un angolo dove riposare e riflettere per poi rimetterti a camminare con un passo ancora più deciso.
Alex, non sei sbagliato.
Non sei diverso.
O meglio, lo siamo tutti, perché non esiste uno uguale a noi, al nostro modo di sentire e di vivere le cose.
Non troveremo mai uno uguale a noi.
Semmai ci capita di trovare qualcuno affine, ma non è detto che sia il giusto incastro.
Siamo tutti diversi e tutti unici.
Io sono stata diversa da mia madre, da mio padre, dai miei fratelli e sorelle, e loro da me.
La diversità è sempre e comunque un dono, perché se si è intelligenti ci obbliga a fare i conti con noi stessi.
A porci degli interrogativi, a confrontarci.

Poi magari capiamo che non ci interessa, che non fa parte di noi, ma ci ha spinto a riflettere.
Per un attimo ci siamo messi nei panni di un altro, ci siamo messi in discussione e il lavoro svolto sarà comunque prezioso per capire più a fondo chi siamo e cosa vogliamo.
È banale, ma credo che se ognuno provasse a sforzarsi di capire l'altro, svanirebbe la paura del diverso.
Tu questo lavoro sei bravissimo a farlo sugli altri, ma ora è arrivato il momento di farlo su te stesso.
Hai diversi doni: intelligenza, riflessione, capacità di ascoltare e di raccontare.
Coltiva anche quello del perdono.
Di te stesso.
Perdonati.
Sei bello, è solo questo che devi sapere.
Nei miei novant'anni di vita ho capito che si è liberi quando non si prova più vergogna per se stessi.
Ah, quasi dimenticavo.
Le foglie del gelso nutrono il baco da cui arriva il filato più pregiato: la seta.
Ora che sei proprietario di un hotel perché non fai qualcosa di tutto tuo?
Crea un blog, un tuo portale dove scrivi, pubblichi i tuoi video, insomma ispiri la gente a essere migliore.
Sono sicura che con te la parola "influncer" assumerebbe un vero significato.
Ti amo.

La Carla

L'orto

Ebo e Fabiola sono nell'orto.

Orto vuol dire anche eretto, giusto, dritto, onesto.
E tu, Ebo, sei così.
Tu sei l'uomo.
Di quelli che non si trovano più, perché ormai la maggior parte delle persone oggi è persa alla ricerca di paradisi minori, artificiali.
Tu sei onesto, perché non usi fronzoli, con educazione arrivi dritto alle cose e al loro significato.
Usi con parsimonia e con estrema ricerca le parole e i vocaboli.
Più di tutti hai capito che sono armi potenti, letali, perché hai provato sulla tua pelle come possano fare male.
Tu sei fermo nelle decisioni che hai preso mai sei altrettanto disponibile ad accoglierne di nuove.
Sei coraggioso perché difendi sempre fino in fondo le tue idee e il tuo credo.
Sarai un ottimo padre e il miglior compagno per Fabiola perché a loro, come hai fatto con me, insegnerai che chi vuole toglierci il diritto di essere diversi, vuole toglierci il privilegio di essere liberi.
E a te, cara mammina mia, voglio dire che sei bellissima.
Semplice, naturale, così tanto reale senza strutture e retropensieri.

Sei attenta e curiosa.
A proposito, mi hanno detto che mi sostituisci in cucina.
Lo sapevo.
L'ho sempre saputo, notavo che mi spiavi mentre cucinavo e ogni tanto, timidamente, mi facevi qualche domanda.
Sono certa che tu sarai il nuovo orto per tutti.
Uno spazio dove ritrovarsi, ristorarsi.
Tu avrai cura di loro perché diventerai il cuore della casa.
E adesso veniamo al futuro, visto che siete proprietari di un hotel.
Ebo, perché non provi a dedicarti veramente alla fotografia?
Usa l'hotel come fosse una galleria o ricavane uno spazio.
Fabiola, mi hai detto che volevi riprendere il corso da massaggiatrice; bene, fallo.
Poi ti consiglio di parlarne con Chantal e vedrai che troverete un modo per unire le vostre forze. E fammi una promessa, promettimi che lavorerai su te stessa affinché nessuno possa più scalfirti, offenderti e abbatterti.
Sei più bella tu di tutti quei corpi su Instagram, di quelle tette e culi tutti uguali e anonimi fatti con lo stampino.
La verità, dai retta a una vecchia, è sempre più bella e interessante della finzione.
Ragazzi, grazie veramente tanto, per me è stato un vero privilegio potervi conoscere.
Vi amo.

La Carla

Limoni

Io sono stato sotto il limone.

Perdonatemi, ma voglio che la lettera rimanga solo mia.

Vi dico solo che i limoni sono il simbolo di fedeltà, e con questo La Carla voleva augurarmi di essere sempre fedele a me stesso, ai miei valori, alle mie idee.

Mi ha esortato a lasciarmi attraversare dalla vita. E mi ha scritto molte altre parole piene di bellezza.

Ho bisogno di parlare con Lea.

Mi alzo.

Tutti gli altri sono ancora dove era stato indicato e ancora con la lettera in mano.

Trovo Lea nell'altro salotto, intenta a guardare fuori, ma il suo sguardo è vuoto.

«Quando è successo?» le chiedo.

«Un po' di giorni fa, ma lei non vorrebbe che se ne parlasse. Sappi solo che lo ha scelto lei, lucidamente e serenamente.»

«Ma i messaggi, quindi?»

«Mi ha chiesto lei di mandarveli. A un certo punto mi ha lasciato il suo cellulare e mi ha dettato un po' di frasi da inviarvi ogni tanto. Voleva che voi non sospettaste nulla.»

Stiamo qualche secondo a guardare il cielo di Milano dalla vetrata sul terrazzo.

«Perché?» chiedo.

«Credo che abbia a che fare con il rispetto per se stessi

e con la propria dignità, ma ti prego, no, lei non vorrebbe che parlassimo di questo. La conoscevi, sai com'era fatta e sono sicura che presto, chiudendo gli occhi e pensando a lei, sarà lei, con la sua voce, a darti tutte le risposte che cerchi.»

In quel momento mi rendo conto di quanto dev'essere stato doloroso e faticoso per Lea affrontare da sola tutto questo.

La Carla è entrata nella nostra vita solo da sei mesi.

Lea l'ha vissuta per più di trent'anni e rinunciare a questo privilegio credo sia devastante.

«Come stai tu?» le chiedo.

«Potrei dirti che sono distrutta, che avrei voglia di piangere, disperarmi e correre lontano da qui e forse lo farò. Potrei dirti che non ho più una casa dove sentirmi protetta, capita, amata. Che mi hanno tolto la cosa più preziosa che avevo. Ma non è così. Di lei mi rimane comunque tutto. Perché lei sarà sempre la mia casa. Mi rimangono le sue parole, i suoi insegnamenti. La sua voglia di capire, la sua curiosità che nel tempo è diventata la mia. Il mio primo giorno di scuola mi ha dato una busta chiedendomi di aprirla solo quando avessi imparato a leggerla. Io l'ho aperta subito e chiaramente non ho capito nulla, per me era solo una serie di segni messi in fila. Qualche anno dopo l'ho ritrovata in una scatola. A quel punto sapevo leggere. Dentro c'era una frase di Mario Rigoni Stern che incita a leggere, studiare e lavorare sempre con etica e con passione; a ragionare con la propria testa e a imparare a dire di no; a essere ribelli per una giusta causa, a difendere la natura e i più deboli; a non essere conformisti e a non accodarsi al carro del vincitore; a essere forti e liberi, per non rimpiangere da vecchi le montagne che non abbiamo salito e le battaglie che non abbiamo combattuto. Da allora ho tenuto la lettera nel comodino e a ogni mio compleanno l'ho riletta, riletta e riletta ancora. Lei mi ha fatto il regalo più grande: farmi diventare una persona migliore. E questo non me lo toglierà mai nessuno. Non solo, sarò patetica ma sono certa che continuerà a fare in modo che io possa migliorare nel tempo. Per ora l'unica cosa che posso fare è aspettare che il dolore passi piano piano. Sai cosa pensavo prima che tu entrassi? Che sarebbe pazzesco poter imbottigliare un ricordo come se fosse un'essenza. Poi chiuderlo in un'ampolla e quando ne hai bisogno aprirla e annusarlo. Chantal dovrebbe farlo.»

Oggi

Sì, lo so che volete il lieto fine.

Ma non c'è.

Semplicemente perché per ora c'è solo un nuovo inizio.

Abbiamo ristrutturato Asfaltilandia. Siamo tornati alla vecchia formula con le stanze, solo un po' più spaziose, e questa volta abbiamo preso un architetto bravo.

Sulla brochure c'è scritto che è un Boutique Hotel con un centro spa. Abbiamo costruito una piscina al coperto, il centro benessere e la palestra.

Siamo riusciti anche a creare un piccolo giardino sul retro, con un pergolato di glicine molto carino, dove Alex gestisce un gruppo di lettura. Il primo libro che hanno letto e poi discusso insieme è stato la *Mandragola* di Machiavelli.

C'è anche uno spazio gestito da Ebo, dove i giovani artisti possono esporre le proprie opere, per lo più quadri, foto e gioielli.

Ad accogliere gli ospiti nella hall dell'albergo c'è il trono di plexiglass, quello con gli swarovski grossi come arance, e sopra ci abbiamo messo la foto della Carla, quella di quando recitava, che era appesa nel suo appartamento.

Alcune foto dei cancelli di Ebo sono appese qua e là nella struttura.

Gli affari vanno bene e ormai sembra che per chi passa da Milano sia un must soggiornare qui.

Il giorno dell'inaugurazione, ormai più di un anno fa, c'era il mondo.

Grazie ad Alex abbiamo rimediato qualche recensione molto positiva su alcuni giornali prestigiosi di moda, costume e benessere.

C'erano anche mia madre e mio padre. Lentamente stiamo recuperando il nostro rapporto, ma abbiamo fatto già molti passi avanti. Capita spesso che andando a cena da loro poi mi fermi a dormire nella mia stanzetta di quando ero piccolo.

Durante la festa di inaugurazione ho sentito mio padre dire più volte, alle persone presenti, che l'hotel era di suo figlio, e mi è sembrato davvero che lo dicesse con una punta di orgoglio sincero.

C'era anche la mamma di Chantal con un'amica.

Alex era accompagnato da un giovane impegnato politicamente, si sono conosciuti qualche mese fa e presto andranno a convivere.

Mischiata tra la folla c'era pure Margherita Cazzaniga, che a un certo punto si è avvicinata e mi ha presentato l'ex marito venuto con il compagno. Ora gestisce un servizio di catering in provincia, vive con il figlio che però sta spesso anche dal padre in Spagna.

Ah, dimenticavo di dirvi il nome dell'hotel.

Quando ci abbiamo pensato, ognuno di noi sparava nomi a caso.

Ve ne cito solo alcuni: Il Posteggio; La Casa; Qui; Resta.

Poi Alex ha detto: «Ce l'ho! Diversity Hotel».

Ognuno di noi ripeteva la parola diversity, diversity, diversity.

Chantal si è alzata in piedi: «Ci sono! Fotte cazzi, è questo e punto. Si chiamerà Diva, sarà meno radical chic ma chissene».

A quel punto anche Fabiola si è alzata in piedi: «No, stronza, dimentichi una cosa a cui lei teneva tanto, l'articolo davanti, quindi LA DIVA!!!».

E così abbiamo aperto La Diva.

Chantal e Fabiola gestiscono la spa.

Fabiola ed Ebo hanno una bimba di nome Carlotta che è la principessa della casa.

Ebo è diventato un fotografo, ha abbandonato i cancelli e i muri e si è specializzato in foto di case, per lo più ville, e collabora con un sacco di giornali di arredamento.

Fabiola ha raggiunto il suo peso forma di settanta chili, esegue massaggi Lomi Lomi e californiani nel centro.

Alex lotta sempre a favore dei diritti della comunità LGBT e ha aperto il suo blog: si chiama "DIMMI" e ormai è diventato una fonte autorevole che viene spesso citata da quotidiani e tv.

Io, come direbbero gli americani, faccio il manager dell'albergo.

Mi mancano pochi esami per laurearmi e spesso nel weekend vado a Parigi, a farmi raccontare la città da una guida turistica speciale.

Chantal ormai da più di un anno sta frequentando un uomo sposato, ma divorziato.

Qualcuno di voi sta ancora pensando alla lettera della Carla?

Ve l'ho detto, è solo mia, ma voglio invitarvi a fare una cosa.

Andate a rileggere la lettera che mi aveva scritto, quella che avevo trovato nel plico dei candidati per i miniappartamenti.

Lì c'era già scritto tutto.

C'è un passaggio verso la fine che dice: "o magari faccio una cosa che, sebbene per poco, potrebbe farmi sentire nuovamente viva".

Lei sapeva già tutto, aveva già pianificato tutto. Come diceva La Carla, lei diceva sempre la verità, semmai ometteva.

Per tornare invece alla lettera che mi ha scritto, vi posso raccontare cosa ho letto io in quelle poche righe.

Ho letto che gli anziani sono perle rare e preziose perché ci riportano sempre alle cose che contano veramente con un linguaggio semplice e diretto. Casa è casa, punto. Bella, brutta, piccola, grande, in centro o in periferia. La condivisione è parlare, spendere del tempo con il macellaio, il salumiere, la vicina e la propria famiglia, non un post che pubblichiamo sui social mentre al mattino ci laviamo i denti con gli addominali tirati.

Gli anziani ci insegnano ad andare nel profondo, setacciando le cose che veramente ci servono. I loro racconti ci aiutano a liberarci del superfluo, perché ai loro tempi ce n'era ben poco. Solo levando le cose inutili, seppur comode, ci possiamo avvicinare a noi stessi e ai nostri bisogni. Non sto negando l'importanza del progresso, tutt'altro. Internet ci ha aperto finestre incredibili sul mondo, regalandoci una fonte vastissima di sapere, su questo non discuto. Discuto però i contenuti, che nei social sono spesso inutili, superficiali, livorosi, violenti e retrogradi.

Gli anziani ci raccontano di cose semplici, vere. A volte sono solo immagini a cui noi non riusciamo a dare un significato perché anacronistiche. Ma sono così pulite, dirette e piene di vita.

Tutte le volte che ho conosciuto un anziano ne sono stato affascinato, e dopo quell'incontro ne sono uscito arricchito.

Credo che nei loro confronti abbiamo un dovere morale, quello di proteggerli, perché sono un bene prezioso, immenso.

Ma ecco di nuovo Chantal, mi raggiunge tutta trafelata: «È arrivato, è arrivato» mi dice con il fiatone.

«Cosa?» le chiedo.

Ha in mano una boccetta.

Mi spruzza qualcosa verso il viso.

«Dimmi, di che cosa sa?» mi chiede.

Chiudo gli occhi e annuso con i polmoni bene aperti.

«Della Carla» rispondo.

Chantal mi prende una mano e ci appoggia una boccetta. Sull'etichetta una scritta: "La Carla parfum".

«La prossima volta che vai a Parigi, sai a chi portarla.»

Ringraziamenti

Alla Carla, per avermi regalato tempo.
Al Caride.
Al gruppo di WhatsApp "La Grande Cessezza".
A Maria, Sabina, Sabrina, Emma e Francesca.
Ad Alberto e Simona di Mondadori.

A Francesco, MissNana e tutti loro, la mia casa.

A tutti quelli che se ne fottono del giudizio altrui.
A chi vive pensando alla diversità come un valore aggiunto con il quale confrontarsi.

A Elenoire F., che ha ispirato la "mia" Chantal, per me simbolo di donna libera.

… dammi la mano e portami a casa.

Mondadori Libri S.p.A.

Questo volume è stato stampato
presso ELCOGRAF S.p.A.
Stabilimento - Cles (TN)

Stampato in Italia - Printed in Italy